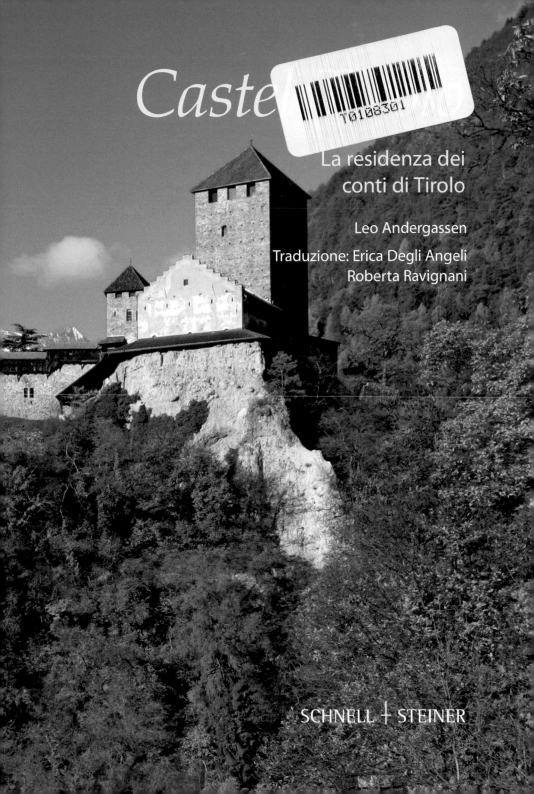

Caste ...

La residenza dei conti di Tirolo

Leo Andergassen

Traduzione: Erica Degli Angeli
Roberta Ravignani

SCHNELL + STEINER

Prefazione

Castel Tirolo è e sarà sempre il fulcro del territorio tirolese. Il maniero incarna simbolicamente i successi conseguiti nella prima fase di formazione del Tirolo, terra a cui diede il nome. Nel panorama europeo di castelli, rocche e residenze, questo edificio occupa un posto di rilievo sia per le sue antiche origini sia per l'eccellente qualità costruttiva. Nel XIX secolo si riuscì, in un'ottica storicistica, a "liberare" il castello dalla sua natura medievale e si iniziò a osservarlo da un nuovo punto di vista concependolo come monumento nazionale. Numerose rappresentazioni paesaggistiche catturano e riproducono questa nuova concezione ponendo l'accento sull'incantevole posizione in cui sorge il complesso. La vista che si gode da Castel Tirolo sulla Val d'Adige è diventata un emblema del paesaggio tirolese. Con la sopraelevazione del mastio, il castello ha acquisito anche un nuovo volto e oggi rientra nel repertorio iconografico, spesso anche stereotipato, indissolubilmente legato a questa terra.

Nel 1974 il castello divenne di proprietà della Provincia autonoma di Bolzano. Seguirono un risanamento e un restauro che garantirono la sopravvivenza del monumento. Il castello è diventato anche sede del Museo storico-culturale della Provincia di Bolzano. I visitatori, oltre a scoprire il complesso fortificato, possono anche acquisire interessanti nozioni sulle dinamiche che caratterizzarono la società nel Medioevo e in epoca moderna. Nel mastio è possibile inoltre ripercorrere le alterne vicende che hanno fatto la storia dell'Alto Adige nel XX secolo.

La presente guida descrive le fasi più significative della costruzione del castello e della decorazione dei suoi interni, senza tuttavia porsi in alcun modo in competizione con la guida sull'intera storia della costruzione di Castel Tirolo che sarà pubblicata nel 2016. Tra le fortezze e le residenze medievali europee, Castel Tirolo è una delle più studiate. Mi auguro che questa guida pubblicata nell'ambito della collana "Burgen" (Castelli) edita dal Südtiroler Burgeninstitut sia un prezioso strumento di orientamento per tantissimi visitatori. Chi desidera conoscere e scoprire Castel Tirolo – l'edificio icona del Tirolo – farà tesoro di un importante pezzo della storia tirolese.

Arno Kompatscher
Presidente della Provincia
autonoma di Bolzano

Cenni storici

Posizione

Castel Tirolo, attestato indirettamente per la prima volta in un documento del 1141, sorge su una collina fatta di sedimenti quaternari a nord-ovest di Merano, in termini geologici nel punto d'intersezione tra la Val Venosta e la Val Passiria. Impressionante sul versante est, al di sopra della forra dei castagni, è la stratificazione della roccia sedimentaria, fortemente sottoposta al processo di erosione. Lo strato inferiore è composto da una sequenza di paraconglomerati a cui si sovrappongono uno strato di diamicton e uno strato di pietrisco sul quale sono deposti due strati di sabbia e per finire un nuovo strato di diamicton. Questi strati si formarono da 30.000 a 10.000 anni fa allorché i ghiacciai dell'ultima era glaciale si ritirarono e lasciarono dei sedimenti di sabbia ai loro bordi. La situazione geomorfologica rappresenta una costante minaccia per il castello. Al periodo attorno al 1612 risalgono le strutture di sostegno ancora oggi presenti nella forra dei castagni. Dai disegni realizzati dall'architetto, scultore e maestro di disegno Jakob Ulrich Pirchstaller in occasione della cessione del castello all'imperatore Francesco I nel 1816 (cfr. sovracopertina), si evince che erano già state eseguite delle ricostruzioni nell'area attorno all'edificio del refettorio, il cosiddetto "Mushaus". Per mettere in sicurezza il pendio, nella seconda metà del

Tavola commemorativa dell'imperatore Leopoldo all'ingresso della galleria "Knappenloch", XVII secolo

XIX secolo furono previste delle briglie di trattenuta che avevano la funzione di sostenere le vecchie briglie in muratura non più conservate.
Ancora oggi l'accesso al castello dal paese è garantito dalla galleria "Knappenloch" lunga 52 metri, che fu realizzata nella sua attuale conformazione nel 1682 durante il dominio dell'imperatore Leopoldo I (regno 1658–1705). La lapide marmorea posta sopra l'ingresso e lavorata dallo scultore di Laces Gregor Schwenzengast nel 1681 mostra, sotto il ritratto dell'imperatore, il seguente cronogramma: LeopoLDVs I. IMperator / gLorIosVs / VIrIs IVs / aVtor. Sono riportati anche i nomi del burgravio

Johann Georg von Künigl e del cellario Jakob Andrä Voglmair. Il tunnel, scavato da giovani minatori (cfr. stemma aggiunto) sotto la guida del minatore Simon Kramberger di Schwaz e del muratore Simon Stolz, consentiva di raggiungere il castello la cui cappella attirava molti visitatori soprattutto durante le commemorazioni annuali. All'estremità orientale del tunnel, Voglmair fece porre anche due pietre con sopra incise le parole "IESUS" e "MARIA" accanto al suo nome – senza dubbio una testimonianza di ringraziamento per la buona riuscita dei lavori. Altrettanto importante era la salita attraverso il ripido sentiero "Ochsentod" (morte del bue) che partendo da Lagundo proseguiva per Castel Torre e per la chiesa paleocristiana/altomedievale di San Pietro e nel tratto finale univa la Val Venosta alla Val Passiria passando per Castel Auer. Poiché si trattava di un collegamento di vitale importanza per gli abitanti della giurisdizione, questi ultimi avevano l'obbligo di mantenere in buone condizioni sia il sentiero che il ponte chiamato "Köstenbrücke" (ponte dei castagni).

I conti di Tirolo

La storia di Castel Tirolo è strettamente intrecciata a quella dei conti di Tirolo. L'origine del castello è avvolta nel mistero. Il re dei Romani concesse al vescovo di Trento i diritti di signoria sulla contea di Trento e sulle contee di Bolzano e della Venosta rispettivamente negli anni 1004 e 1027,

ponendo così le basi per la creazione di una signoria. Nel 1027 la contea Norital (Valle Isarco e Valle dell'Inn) fu trasferita al vescovo di Bressanone, che nel 1091 acquisì anche la Val Pusteria. L'amministrazione della signoria vescovile fu affidata ai balivi. Secondo una testimonianza risalente al tardo Medioevo, nel 1077 i diritti comitali sull'Adige e sull'Isarco furono ceduti ai conti bavaresi di Eurasburg. Questi ultimi, che al tempo della lotta per le investiture si schierarono dalla parte dell'imperatore e a cui si potrebbe ricondurre anche la prima costruzione del castello, possono essere considerati con molta probabilità i predecessori di quelli che furono poi chiamati conti di Tirolo.

I conti di Tirolo furono menzionati per la prima volta nel 1141. Insieme ai vescovi di Trento, ai conti di Appiano-Ultimo, all'alta nobiltà di Mazia e ad altre famiglie, erano i più insigni detentori del potere nella Val d'Adige. La posizione occupata dal loro castello conferma chiaramente le loro ambizioni di potere. La fortuna e un atteggiamento calcolatore permisero poi ai conti di estendere il loro dominio. In seguito all'estinzione dei conti di Morit-Greifenstein nel 1170, il territorio di Bolzano passò in mano ai conti di Tirolo. Nella prima metà del XIII secolo l'ultimo conte di Tirolo, Alberto III († 1253), ampliò i propri possedimenti appropriandosi delle terre fino ad allora appartenute ai vescovi di Trento. Il vescovo Egno di Trento, che era anche membro della stirpe degli Appiano, concesse in feudo i possedimenti dei conti di

Mainardo II, Incisione su rame di Dominicus Custos tratta da "Tirolensium principum comitum", 1599

Appiano ormai estinti ai conti di Tirolo. Alberto riuscì a ottenere l'allontanamento dei conti di Andechs dal capitolo cattedrale di Bressanone, tanto più che questi avevano a quanto pare partecipato nel 1208 all'assassinio del conte Filippo di Svevia, episodio che li condusse alla perdita dei loro feudi. Il conte di Tirolo non solo acquisì il baliaggio del capitolo cattedrale, ma si impossessò anche dei rispettivi diritti di signoria nella Val d'Isarco e nella Valle dell'Inn. Furono così creati i presupposti per il decisivo ampliamento dei possedimenti conseguito dal conte

Mainardo di Tirolo-Gorizia nella seconda metà del secolo. Mainardo II è considerato il fautore dell'unificazione del Tirolo. La politica matrimoniale promossa da Alberto consentì inoltre di estendere le pretese territoriali. La figlia Elisabetta convolò a nozze con Ottone, l'ultimo conte di Andechs, mentre la figlia Adelaide sposò il conte Mainardo III di Gorizia. Allorché il conte di Andechs morì nel 1248 senza lasciare eredi, il suo territorio passò ad Alberto che a partire dal 1213 si nominò ufficialmente "Dei gratia comes Albertus de Tirol". Meno fortunata fu invece la sua "politica orientale": insieme ai goriziani invase la Carinzia nel 1252, ma subì una scottante sconfitta a causa della resistenza dell'arcivescovo di Salisburgo e del duca di Carinzia. Mainardo II e Alberto, figli di Mainardo, furono fatti prigionieri dal vescovo. Gli otto anni di detenzione scatenarono in Mainardo un atteggiamento ostile nei confronti della Chiesa, che dopo la liberazione si manifestò chiaramente nelle sue azioni politiche. Appena uscito di prigione, si fece trasferire dal vescovo di Trento i feudi del capitolo cattedrale, già concessi a suo padre, il baliaggio della chiesa di Trento così come i feudi dei conti di Appiano ormai estinti. La signoria in mano ai due fratelli Mainardo e Alberto si estendeva dall'Engadina all'Istria. Al momento della spartizione del territorio, Mainardo acquisì la parte a ovest della chiusa di Rio di Pusteria, mentre Alberto, che aveva fondato la cosiddetta linea albertina dei conti tirolesi, ricevette la Val Pusteria e l'area di Gorizia. In seguito al

Tavola genealogica dei conti di Tirolo

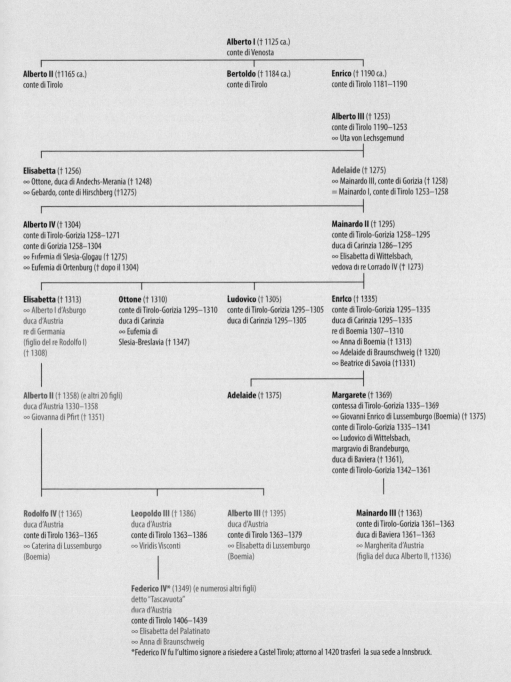

Alberto I († 1125 ca.)
conte di Venosta

Alberto II (†1165 ca.)
conte di Tirolo

Bertoldo († 1184 ca.)
conte di Tirolo

Enrico († 1190 ca.)
conte di Tirolo 1181–1190

Alberto III († 1253)
conte di Tirolo 1190–1253
∞ Uta von Lechsgemund

Elisabetta († 1256)
∞ Ottone, duca di Andechs-Merania († 1248)
∞ Gebardo, conte di Hirschberg (†1275)

Adelaide († 1275)
∞ Mainardo III, conte di Gorizia († 1258)
= Mainardo I, conte di Tirolo 1253–1258

Alberto IV († 1304)
conte di Tirolo-Gorizia 1258–1271
conte di Gorizia 1258–1304
∞ Firfemia di Slesia-Glogau († 1275)
∞ Eufemia di Ortenburg († dopo il 1304)

Mainardo II († 1295)
conte di Tirolo-Gorizia 1258–1295
duca di Carinzia 1286–1295
∞ Elisabetta di Wittelsbach,
vedova di re Lorrado IV († 1273)

Elisabetta († 1313)
∞ Alberto I d'Asburgo
duca d'Austria
re di Germania
(figlio del re Rodolfo I)
(† 1308)

Ottone († 1310)
conte di Tirolo-Gorizia 1295–1310
duca di Carinzia
∞ Eufemia di
Slesia-Breslavia († 1347)

Ludovico († 1305)
conte di Tirolo-Gorizia 1295–1305
duca di Carinzia 1295–1305

Enrico († 1335)
conte di Tirolo-Gorizia 1295–1335
duca di Carinzia 1295–1335
re di Boemia 1307–1310
∞ Anna di Boemia († 1313)
∞ Adelaide di Braunschweig († 1320)
∞ Beatrice di Savoia (†1331)

Alberto II († 1358) (e altri 20 figli)
duca d'Austria 1330–1358
∞ Giovanna di Pfirt († 1351)

Adelaide († 1375)

Margarete († 1369)
contessa di Tirolo-Gorizia 1335–1369
∞ Giovanni Enrico di Lussemburgo (Boemia) († 1375)
conte di Tirolo-Gorizia 1335–1341
∞ Ludovico di Wittelsbach,
margravio di Brandeburgo,
duca di Baviera († 1361),
conte di Tirolo-Gorizia 1342–1361

Rodolfo IV († 1365)
duca d'Austria
conte di Tirolo 1363–1365
∞ Caterina di Lussemburgo
(Boemia)

Leopoldo III († 1386)
duca d'Austria
conte di Tirolo 1363–1386
∞ Viridis Visconti

Alberto III († 1395)
duca d'Austria
conte di Tirolo 1363–1379
∞ Elisabetta di Lussemburgo
(Boemia)

Mainardo III († 1363)
conte di Tirolo-Gorizia 1361–1363
duca di Baviera 1361–1363
∞ Margherita d'Austria
(figlia del duca Alberto II, †1336)

Federico IV* (1349) (e numerosi altri figli)
detto "Tascavuota"
duca d'Austria
conte di Tirolo 1406–1439
∞ Elisabetta del Palatinato
∞ Anna di Braunschweig
*Federico IV fu l'ultimo signore a risiedere a Castel Tirolo; attorno al 1420 trasferì la sua sede a Innsbruck.

Mainardo III, Rappresentazione di Giovanni Battista Fontana nella Sala Spagnola del castello di Ambras, 1571

matrimonio con Elisabetta di Wittelsbach (1259), vedova di Corrado IV, re degli Hohenstaufen, Mainardo II riuscì ad acquisire dei territori nella Valle dell'Inn, ma non si adoperò affatto per le rivendicazioni di potere del suo figliastro minorenne Corradino, che fu decapitato a Napoli nel 1268. In cambio della loro protezione, i vescovi concessero territori e denaro a Mainardo. I diritti dei nobili furono ridotti e i feudi delle dinastie estinte confiscati. Mainardo concesse sua figlia Elisabetta in sposa ad Alberto, il figlio del re dei Romani Rodolfo d'Asburgo. In Rodolfo, Mainardo trovò un fedele alleato politico che lo appoggiò anche nelle sue rivendicazioni nei confronti dei vescovi. Per ringraziarlo del suo impegno militare contro il re Ottocaro, nel 1286 Rodolfo lo elesse duca di Carinzia.

A Mainardo II si deve non da ultimo la trasformazione più importante di Castel Tirolo che divenne la sede di un moderno sistema di amministrazione strettamente legato a quello diffuso in tutto il paese. La rigorosa registrazione delle entrate e delle uscite derivanti dai dazi stradali, dalle saline di Hall e dal commercio di monete portò di conseguenza a ottimi risultati nell'amministrazione delle finanze. Nel 1274 fu introdotto il primo registro delle imposte e nel 1288 si iniziò a usare l'urbario come strumento per stabilire i tributi fondiari. Nella cancelleria, che faceva capo al protonotaio, erano impiegati fino a 30 notai tra i quali figuravano anche membri del clero. Non a caso Mainardo si fece ritrarre sui sigilli in veste di cavaliere e a partire dal 1286 sul suo scudo era riportato lo stemma del ducato di Carinzia. L'ordine interno era gestito da quattro cariche – il maresciallo, il camerlengo, il siniscalco e il coppiere – che non erano rivestite da membri della nobiltà. La difesa militare del maniero era affidata invece al burgravio di Tirolo che, in caso di attacco nemico, poteva contare non solo sui castelli dei ministeriali ma anche sui proprietari dei masi dello scudo.

La figlia maggiore di Mainardo, Elisabetta († 1313), convolò a nozze con il re dei Romani Alberto I († 1308) e dalla loro unione nacquero 21 discendenti. Dopo l'assassinio di Alberto per mano del nipote Giovanni (il Parricida), la consorte decise di vendicarsi e, non lontano dal castello di

Ex re Enrico, Rappresentazione di Giovanni Battista Fontana nella Sala Spagnola del castello di Ambras, 1571

Ex re Enrico, Incisione su rame di Dominicus Custos tratta da "Tirolensium principum comitum", 1599

Habsburg, fondò in ricordo del marito il convento clarissiano di Königsfelden, nel quale Elisabetta stessa si ritirò insieme alla figlia Agnese.

Come reazione allo stile di vita rigido e severo condotto dal padre, i figli Ludovico, Ottone ed Enrico si diedero al lusso sfrenato che sfociò in un tenore di vita alquanto dispendioso con conseguenti pignoramenti da parte dei tribunali e ingenti prestiti di denaro. Enrico fu solo per breve tempo re di Boemia; egli si sposò con Anna Přemyslovna, figlia di Venceslao II, e dopo l'assassinio del suocero acquisì il controllo della Boemia, che tuttavia dovette cedere ben presto. Nel 1310 divenne signore di Tirolo dove suo fratello Ottone era appena deceduto. La politica condotta da En-

rico in Italia non ebbe successo; nel suo ruolo di governatore di grandi città come Padova e Treviso dovette soccombere alla superiorità dei Cangrande della Scala. A Castel Tirolo, dove un incendio divampato nel 1302 aveva causato gravi danni soprattutto al palazzo orientale, fece rinnovare la cappella nei suoi ultimi anni di vita; egli stesso risedette a Castel San Zeno.

Dal suo secondo matrimonio, contratto con Adelaide di Braunschweig, nacquero due figlie. Se da una parte la figlia Adelaide si mostrò inadatta a governare, dall'altra la sorella Margarete diede prova di una destrezza infallibile che la portò ad affermarsi come contessa di Tirolo. Margarete, in seguito nota con l'appellativo poco lusinghiero di "Maultasch" (bocca larga), è il personaggio più importante tra tutti quelli vissuti a Castel Tirolo nel XIV secolo. La sua biografia sembra talvolta essere segnata dal destino. Nel 1330, quando aveva solo 12 anni, fu data in sposa a Giovanni Enrico di Lussemburgo di soli otto anni. In seguito alla morte del padre Enrico, la dinastia dei Tirolo-Gorizia perse qualsiasi diritto sul ducato di Carinzia. L'amministrazione fu affidata a Carlo, fratello di Giovanni Enrico e futuro imperatore Carlo IV. Margarete ottenne il sostegno della nobiltà locale e con il loro aiuto cacciò il consorte, che il 2 novembre 1341 trovò Castel Tirolo sbarrato e dovette ritirarsi. Successivamente, il 10 febbraio 1342, Margarete si unì in matrimonio con Ludovico di Brandeburgo, il figlio maggiore dell'imperatore Ludovico di Baviera, senza aspettare la dispensa matrimoniale prescritta dal diritto ecclesiastico. Un interdetto di 17 anni (privazione di sacramenti e atti liturgici) fu la sanzione inferta dalla Chiesa ufficiale, che spiegherebbe anche il motivo della diffamazione di Margarete. Nel 1347 Margarete si difese con successo dalle truppe di Carlo IV che assediarono Castel Tirolo. Tuttavia l'imperatore prese poi la sua rivincita incendiando le città di Merano e Bolzano. Sotto il governo di Ludovico di Brandeburgo fu istituita la carica di capitano. Le critiche espresse dai nobili locali indussero Ludovico a circondarsi sempre più di seguaci provenienti dalla Baviera e dalla Svevia. Nel 1347 la cancelleria tirolese fu subordinata a quella bavarese. Alla morte di Ludovico, nel 1361, assunse il potere il figlio Mainardo che governò inizialmente da Monaco di Baviera, ma solo per un breve periodo in quanto morì nel gennaio del 1363. Margarete dovette quindi disporre in merito alla successione. Il 26 gennaio, a soli pochi giorni di distanza dalla morte di Mainardo, insediò i du-

Leo Putz, Matrimonio di Margarete di Tirolo con Giovanni Enrico di Boemia, 1926
(Gauting, Collezione privata)

Sigillo di Margarete di Tirolo, 1363
(Innsbruck, Tiroler Landesarchiv)

Margarete di Tirolo, Incisione su rame di Dominicus Custos tratta da "Tirolensium principum comitum", 1599

Joseph Anton Zimmermann, Margarete di Tirolo, seconda metà del XVIII secolo

chi austriaci Rodolfo, Alberto e Leopoldo a Bolzano nominandoli nuovi signori. Il Tirolo fu ceduto così alla casata degli Asburgo. Margarete progettava inizialmente di mantenere un diritto di coreggenza, ma vi rinunciò ben presto dietro pressione di Rodolfo. Morì nel 1369 a Vienna e fu seppellita nella chiesa dei Minoriti. Simbolo rappresentativo della nuova presa di potere da parte di Leopoldo e Alberto fu l'altare di Castel Tirolo, commissionato per la cappella del castello poco dopo la morte di Margarete. Totalmente irrisorio si rivelò tuttavia l'interesse effettivo degli Asburgo per Castel Tirolo, che perse sempre più d'importanza. Federico IV detto Tascavuota, figlio di Leopoldo,

fu nominato conte di Tirolo nel 1406. Per motivi strategici, nel 1420, spostò la sua residenza da Merano a Innsbruck sugellando così la prosperante ascesa della città situata sulle rive dell'Inn. Come luogo di permanenza durante i suoi viaggi, il conte scelse il castello principesco di Merano costruito attorno al 1480 sotto il dominio dell'arciduca Sigismondo. Castel Tirolo veniva usato ormai solo per lo svolgimento delle messe commemorative. Con Leonardo di Fiè anche la residenza del capitano del Tirolo fu trasferita a Castel Presule. Dal tardo XVI secolo, nel castello risiedeva un vicecapitano che spesso si occupava della manutenzione del complesso senza ottenere però grandi risultati.

11

L'inizio dell'età moderna

Vari documenti archivistici dell'epoca attestano la necessità di un intervento di risanamento. Nel 1528 il ponte "Köstenbrücke" si trovava in uno stato tale da non essere attraversabile né con carri né a cavallo. Nel 1530 era prevista la costruzione di una caminata, una stanza così chiamata perché dotata di camino, e di una stalla per capponi e galline; le spese per questi lavori non dovevano superare complessivamente i 100 fiorini. Nel 1532 Hans Sinkmoser, cellario di Castel Tirolo, dispose di aprire una porta che collegasse il "Mushaus" al mastio ancora privo di copertura, di costruire qui una stube, una stanza e una sala voltata e quindi di dotare la torre di un tetto, il tutto per una spesa complessiva non superiore ai 200 fiorini. Nel 1577 il governo dell'Austria superiore propose di costruire una nuova prigione a Castel Tirolo essendo quella vecchia ormai diventata inutilizzabile. Nel 1616 si dovettero trasferire 36 armature complete all'armeria di Innsbruck.

Nel 1638 la contessa di Tirolo Claudia de' Medici si prodigò per il castello e dispose che questo fosse sempre abitato da un vicecapitano. Nel 1641 il vicecapitano Balthasar Wohlgeschaffen presentò un rapporto sullo stato del castello insieme al preventivo di spesa per il suo restauro preparato dall'architetto bolzanino Jakob Delai. Il funzionario amministrativo coinvolto nei lavori di manutenzione del castello, Elias Gumpp di Innsbruck, non aveva buoni propositi nei confronti di Castel Tirolo. Egli mirava infatti a restare sotto la cifra preventivata per il restauro trascurando le parti non pericolanti nel palazzo orientale e la costruzione annessa nella lizza. Il risultato fu deludente.

Ma il peggio doveva ancora arrivare. Nel corso dell'occupazione bavarese, durante le guerre d'indipendenza, il castello fu preso di mira dai nuovi governanti. Castel Tirolo fu infatti saccheggiato e messo pubblicamente all'asta nel 1807. Nello stesso anno il principe ereditario Ludovico visitò il complesso accompagnato da un aiutante. A Merano aveva pernottato a Castel Winkel che decise subito di acquistare. Nel 1809 Andreas Hofer, insieme a un corposo seguito, raggiunse il castello a cavallo; qui il barone Joseph von Hormayr rilasciava il documento attestante la presa di possesso del castello. Sempre nello stesso anno passarono per il castello 800 prigionieri provenienti dalla Sassonia e dalla Baviera. Nel 1813, in occasione dell'espugnazione di Parigi, si illuminò il castello. Il barone Sebastian Hausmann acquistò il complesso per 2.400 fiorini e progettava di raderlo al

La cosiddetta coppa nuziale di Margarete di Tirolo, 1340 ca. (Kunsthistorisches Museum Wien, castello di Ambras)

Eduard Gurk, Corteo dell'imperatore verso Castel Tirolo, 1838 (Bolzano, Archivio provinciale)

suolo con l'intenzione di vendere le tegole e il ferro per poter costruire con il denaro ricavato una nuova copertura per la chiesa parrocchiale di Tirolo. Demolì la vecchia cucina voltata accanto al mastio. Per salvare il castello l'architetto di corte Joseph Kofler lo acquistò per 3.600 fiorini. Successivamente il maniero passò nelle mani di Josef Glatz che, nel 1814, lo cedette alla città di Merano. Allorché nel 1816 il Tirolo fu annesso all'impero austriaco, il comune di Merano donò il castello all'imperatore Francesco I nell'ambito di una cerimonia celebrata il 20 maggio 1816. Il castello si elevò così allo stato di residenza imperiale e fu nuovamente abitato da un capitano e da

un guardiano. Per contenere i costi, tuttavia, già nel 1880 fu soppressa la figura del capitano.

Del castello si continuò a fare un uso modesto. Fino agli inizi del XIX secolo il complesso edilizio fece da cornice alla nomina annuale del "Saltner", il custode dei vigneti; in tale occasione il prevosto del "Kelleramt" di Merano, l'ufficio per la riscossione dei tributi dei conti di Tirolo, doveva leggere gli statuti dinnanzi ai giudici territoriali, ai rappresentanti del clero e ai "Saltner" chiamati a raccolta per l'occasione (racconto di Veit Jordan). Nel 1817 gli ultimi cimeli provenienti dal Tirolo furono trasferiti a Vienna dal direttore della collezione d'arte del ca-

Eduard Gurk, L'imperatore Ferdinando I a Castel Tirolo concede in feudo il "Sandhof" ad Andreas Erb, 1838 (Bolzano, Archivio provinciale)

Eduard Gurk, Johannes Hofer, gastaldo di Castel Tirolo, 1840 (Bolzano, Archivio provinciale)

Eduard Gurk, Andreas Illmer, capitano di Castel Tirolo, 1840 (Bolzano, Archivio provinciale)

stello di Ambras, Alois Primisser; tra questi vi erano anche una coppa d'argento, dono nuziale di Margarete di Tirolo, una tavoletta cerata con numeri e iscrizioni, un frammento di pettine di legno e una coppa di noce di cocco. Nella corte del castello si trovava an-

cora nel 1818 un vecchio cannone di ghisa che fu portato a Merano in occasione dell'investitura del decano Giovanni Nepomuceno de Tschiderer e venduto sul luogo a un fabbro.

Agli inizi del XIX secolo Castel Tirolo fu riconosciuto come luogo simbolo

Leopold Kupelwieser, L'imperatore Francesco I, 1816   Anton Einsle, L'imperatore Ferdinando I, 1841

della politica territoriale e fece così da teatro a manifestazioni patriottiche. Nel 1818 l'imperatrice Maria Luisa si fece trasportare fino al castello su una lettiga. Un evento di particolare rilievo fu la visita dell'imperatore Ferdinando I che si recò a Castel Tirolo nell'ambito del suo viaggio per l'incoronazione che lo portò da Vienna a Milano dove fu proclamato re d'Italia con la Corona Ferrea dei Longobardi. Il 20 agosto 1838 anche Ferdinando I si fece portare su una lettiga da Merano fino al castello. Qui, nella sala sudovest del secondo piano del palazzo ancora baroccheggiante (cfr. progetti di Pirchstaller), celebrò l'infeudazione del podere "Sandhof" al nipote di Andreas Hofer. Il pittore della corte viennese Eduard Gurk (1803–41) immortalò la cerimonia in acquarelli e disegni. Due anni più tardi Gurk rea-

lizzò anche la prima riproduzione a colori del portale romanico della cappella e ritrasse anche i due capitani del castello Johann Hofer (1829–38) e Andreas Illmer (1840–55). Gurk sarebbe dovuto essere coinvolto anche nel restauro storicizzante del castello ma la sua morte, avvenuta in Palestina a fine marzo del 1841, vanificò il piano. In ricordo dei nuovi proprietari al castello giunsero preziosi ritratti, tra cui quello dell'imperatore Francesco I realizzato da Leopold Kupelwieser (1796–1862), quello di Ferdinando I opera del pittore di corte Anton Einsle (1801–76) e quello dell'ancora giovane Francesco Giuseppe I attribuito al ricercatissimo ritrattista Franz Eybl (1806–80).
Nel 1844 i tre arciduchi Francesco Giuseppe, Massimiliano e Carlo Ludovico visitarono il castello accom-

15

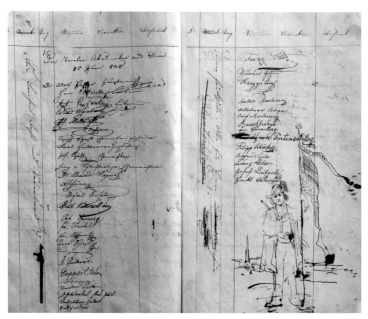

Gottfried Seelos, La "Wiener Akademische Gesellschaft" consegna la bandiera a Castel Tirolo, Libro dei visitatori, 15 giugno 1848

pagnati dal capitano distrettuale e dal figlio del barone Hausmann, Emanuel von Hausmann. L'esperto di storia Johann Jordan condusse questi insigni personaggi in una visita attraverso il castello. Ma anche da sud giunsero ospiti di riguardo: nel 1865 il duca di Modena, Francesco V d'Este, visitò il castello in incognito insieme al figlio. I due avevano raggiunto la galleria "Knappenloch" con degli asini e da lì avevano proseguito a piedi fino al castello.

Nel 1848, l'anno dei moti rivoluzionari, il castello fu utilizzato come meta di pellegrinaggi politici dalla "Wiener Akademische Kompagnie" dei bersaglieri tirolesi (Schützen) sotto la guida del dott. Adolf Pichler che il 15 giu-

gno, nel corso delle battaglie per la difesa dei confini a sud (Trentino), consegnarono la loro bandiera al castellano. La scena è ritratta nel libro dei visitatori; tra gli studenti vi era anche Anton Geppert che successivamente si impegnò per la preservazione della struttura architettonica.

Nel 1849 l'imperatrice madre Sofia di Baviera si fece portare al castello accompagnata dalla celebre cantante d'opera svedese Jenny Lind. Nell'anno successivo il maniero, ormai ridotto in rovina, avrebbe dovuto ospitare la famiglia imperiale, ma il progetto andò a monte data l'impossibilità di realizzare repentinamente un restauro dell'edificio. In compenso, il 22 agosto 1850, Ferdinando Massimiliano si recò al castello con la consorte e la sera il maniero fu illuminato per la prima volta; sulla facciata sud risplendevano le iniziali F. C. Tra i personaggi che hanno visitato il castello nel XIX secolo e che si sono registrati nei libri dei visitatori, presenti sin dal 1832, figurano numerosi scrittori e artisti.

La cappellania del castello

I conti di Tirolo si adoperarono affinché nel castello fosse prevista sin dall'inizio una carica di cappellano; tuttavia non ci è pervenuta alcuna lettera di conferimento a tal proposito. Nel tardo XII secolo il cappellano – il primo nome di cui ci giunge notizia è *Arnoldus* – era anche notaio e scrivano al castello. Le entrate dell'ecclesiastico consistevano in frutti della natura; nel tardo XVI secolo il cappellano ricevette 11 fiorini, 9 Yhren di vino (circa 700 litri), 55 stai e mezzo di segale e 5 stai di orzo. La manutenzione della cappella era di competenza del signore territoriale; tre lumi appesi sopra gli altari dovevano ardere incessantemente all'interno della cappella. Dai registri degli ecclesiastici succedutisi nel castello risulta che i primi cappellani erano anche scrivani dei signori territoriali. Una vera e propria carriera politico-ecclesiastica fu intrapresa dal cappellano Matthäus an der Gassen proveniente da Tirolo, che nel 1336 fu nominato principe vescovo di Bressanone dal capitolo cattedrale della città. Il vescovo, che simpatizzava per gli Asburgo, favorì il passaggio del Tirolo all'Austria nel 1363. Nel 1357 il cappellano Baldwin era anche

parroco di Villandro; il suo successore Paldwein detto "Wyntzrer" era parroco di Fügen. Dopo l'annessione del Tirolo all'Austria furono i vescovi di Coira a proporre gli ecclesiastici del castello. Nel XV secolo i rappresentanti del clero provenivano principalmente dalla diocesi di Augusta. Al 1601 risalgono le prime notizie di un certo *Beneficium Sancti Pancratii*; prima di questa data gli ecclesiastici venivano nominati presso l'altare di San

Lapide di Matthäus an der Gassen, cappellano del castello successivamente eletto vescovo di Bressanone, 1363 ca. (Bressanone, Duomo)

Pancrazio. A rimanere in carica più a lungo fu Philipp Andreas Moser, che detenne il *beneficium* dal 1792 al 1842, con una breve interruzione nel 1805 allorché il Tirolo fu annesso al regno di Baviera. Dopo il Congresso di Vienna l'imperatore Francesco I riuscì a riconfermare i diritti del *beneficium* del curato. In seguito al concordato stipulato tra la Repubblica italiana e la Santa Sede nel 1985, la curazia fu unita alla parrocchia di Tirolo.

Restauro e conservazione del castello

L'aspetto odierno di Castel Tirolo è fortemente segnato dalle concezioni e dalle idee alla base dell'attività di conservazione intrapresa nei secoli XIX e XX. I prospetti più antichi del castello evidenziano ancora numerose strutture aggiunte e annesse così come finestre che, nel corso di oltre 150 anni di restauri, sono state rimosse o modificate per motivi legati a un processo di purificazione.
Interventi di restauro risultano evidenti innanzitutto nella cappella. Nel 1861 l'arciduca Carlo Ludovico dispose il restauro del gruppo della Crocifissione nella cappella del castello. L'architetto Geppert scoprì le pitture parietali presenti nella cappella e ne portò alla luce grandi porzioni. Nel 1865 progettò il rinnovamento della Sala dei Cavalieri. Questi interventi, tuttavia, non trovarono un consenso unanime da parte del conservatore Carl Roesner e dell'architetto Friedrich von Schmidt, che si pronunciarono contro la rimozione di elementi

strutturali annessi dal valore storico. In primo luogo si procedette al consolidamento statico e al rinnovo delle coperture dell'ala pericolante rivolta verso la forra dei castagni. Seguirono poi i lavori nella cappella per i quali l'architetto Viktor Lunz impartì delle linee guida nel 1876. La voltatura proposta da Geppert non trovò un riscontro positivo. Si posò un nuovo pavimento marmoreo, si costruirono un nuovo altare principale e una cancellata e si rinnovarono anche gli stalli. Lo scultore viennese Josef Rint creò il retablo a nicchia neoromantico che fu poi dipinto con la tecnica della policromia dal pittore Carl Jobst. Nel 1858 entrambi gli artisti furono chiamati a collaborare al restauro dell'altare di Pacher nella parrocchiale di St. Wolfgang. Nella nicchia centrale fu posta la scultura della Madonna, mentre ai lati furono aggiunti i plastici dei Santi Pancrazio e Giuseppe. Per il tramite dello scultore Josef Wassler, Schönherr acquistò due retabli tardo-gotici per gli altari laterali. Gli affreschi furono portati alla luce e restaurati da Wassler e dai suoi aiutanti; tra i nomi proposti per questo lavoro vi erano anche quelli dei pittori Franz Plattner e Georg Mader, ma si temeva che questi avrebbero optato per un rifacimento radicale. Le operazioni tecniche di recupero e restauro di altri affreschi nel corpo longitudinale, che versavano in uno stato di conservazione peggiore, furono eseguite solo nel 1913 da Antonio Mayer di Rovereto.
Nel periodo tra il 1882 e il 1893, Schönherr covò l'idea di ricostruire tutto il castello in perfetto stile romanico, un lavoro che fu eseguito dall'ar-

Enrico Nordio, Pitture parietali della cappella superiore, acquarello, 1885
(Trieste, Istituto d'Arte Enrico e Umberto Nordio)

chitetto Cölestin Recla di Merano. In precedenza Recla aveva restaurato il castello principesco di Merano per il quale aveva proposto un recupero d'ispirazione gotica. Per Castel Tirolo si consultò con l'architetto Enrico Nordio, un allievo dell'architetto del duomo di Vienna Friedrich von Schmidt, che aveva ristrutturato il duomo di Trento in stile romanico. Nordio preparò i disegni dettagliati per il restauro del castello nei quali furono rimossi gli edifici annessi al palazzo che si affacciavano sulla corte e fu aggiunto un vano scala al palazzo orientale. Tutte le finestre furono rinnovate secondo forme romaniche e del primo Gotico (capitelli a bulbo nel palazzo orientale), prendendo a modello elementi costruttivi presenti nel castello stesso.

Le opere relative alla lavorazione della pietra furono affidate allo scultore Josef Wassler. Nel 1892 la commissione termale di Merano si rivolse al magistrato di Innsbruck per trovare il denaro necessario a dotare le finestre del palazzo di vetrate, proprio come quelle belghe che si potevano già ammirare a Goslar. Si temeva che le correnti di aria avrebbero potuto nuocere alla salute dei visitatori del castello. Dopo la sua morte, gli sforzi fatti da Schönherr a beneficio di Castel Tirolo furono oggetto di aspre critiche da parte del castellologo Otto Piper che mise a confronto il risultato ottenuto qui con quello della Wartburg. Dopo Schönherr fu Franz von Wieser a coordinare i lavori di restauro dal 1898 fino alla Prima guerra mondiale.

19

Eduard von Wörndle, Progetto per la decorazione della parete meridionale della Sala degli Imperatori, 1902 (Merano, Museo civico)

A causa delle critiche espresse da Otto Piper, insistette per avere come progettista il conte Johann Wilczek che precedentemente aveva restaurato il castello di Vaduz. L'idea alla base del suo piano va attribuita tuttavia a Piper che aveva già lavorato ai progetti del castello nel 1900. Nel successivo ripristino del mastio emergono senza dubbio elementi ripresi dal castello di Vaduz, a cui il team addetto al risanamento di Castel Tirolo stava lavorando in contemporanea. Anche la forma della travatura del camminamento di ronda, rinnovato nel 1912, non è tipicamente tirolese ma si ispira al castello di Liechtenstein. Il mastio, che secondo le ipotesi formulate si trovava in quelle condizioni solo a causa di un crollo, fu ricostruito nel 1902/04 dall'architetto di Bressanone Alois Gstrein. Il muro del cortile delle cucine fu ricostruito e dotato di merlatura; a partire dal 1914 il "Mushaus" e il camminamento di ronda furono collegati da una torre dotata di una bifora sul lato sud per la quale furono recuperati altrove sia la colonnina che il capitello. Il risultato ottenne notevoli apprezzamenti da parte della commissione centrale di Vienna della quale faceva parte, tuttavia, anche un amareggiato oppositore di questa impresa, Karl Rosner, che avrebbe posto volentieri alla direzione dei lavori il conservatore Johann Deininger di Innsbruck. Anche l'esperto di arte sacra tirolese Karl Atz assunse un atteggiamento diverso verso i progetti di ricostruzione del mastio e fu in seguito espulso dalla commissione. Per impedire che l'area attorno al castello cadesse vittima di un processo di edificazione, il conte Wilczek acquistò innanzitutto la masseria del castello distrutta da un incendio, che era stata usata come fonte "storica" per il reperimento del materiale da costruzione necessario per il mastio. Successivamente acquistò altri poderi attorno al castello che nel 1916 cedette all'erario imperiale sotto forma di donazione; le

entrate nette confluirono nei lavori di restauro.

Nel 1902 Eduard von Wörndle avrebbe dovuto decorare la Sala degli Imperatori con dodici grandi figure singole e scene che ritraessero ad esempio, oltre agli amici del re Laurino, anche Tung di Merano e i suoi figli così come personaggi del Minnesang. L'impresa sarebbe costata 30.000 corone, ma non superò la fase di progettazione in quanto fu valutata negativamente dalla commissione centrale. A sua difesa lo stesso Wörndle citò fra i suoi modelli il palazzo imperiale di Gelnhausen e la decorazione pittorica della Wartburg. I portali romanici dovevano essere dotati di un rivestimento di pietra anche all'interno. A destra del portale della cappella era previsto un "camino romanico", mentre per la sala superiore si progettava un trono addossato alla parete orientale. Le sezioni delle pareti che non dovevano essere decorate, e per le quali sarebbero stati previsti dei gobelin dipinti a encausto, furono ricoperte di malta fine colorata, a sua volta incisa con un finto bugnato.

Da monumento nazionale a Museo storico-culturale della Provincia di Bolzano

L'accessibilità al castello è garantita dal XIX secolo e lo fu anche durante gli anni '20 del XX secolo, in pieno periodo fascista, quando il castello acquisì il nome dantesco di "Tiralli". Nel 1921 il Touring Club Italiano donò una lastra marmorea su cui è inciso il verso dantesco che ricorda Castel Tirolo: «APPIE DELL'ALPE CHE SERRA LA-MAGNA SOVRA TIRALLI» (Inferno, Canto XX). Nello stesso anno il milanese Aristide Gervasini regalò la bandiera tricolore italiana a Castel Tirolo, dove fu issata. Nel 1932 furono trasferite qui delle lapidi medievali dalla parrocchiale di Tirolo che oggi sono esposte nella Sala dei Cavalieri. L'una

Lapide di Diepold Hel, 1363 ca.

ricorda Diepold Hel, capitano e maresciallo di Ludovico di Brandeburgo, morto nel 1363 (DNS. HEL. IN DIE FABIANI † / ANNO DOMINI MILLE/SIMO CCC XIII I(n) X(risto) OBIIT STREN/[uus]), l'altra un certo "Johannes" (iohannes, / hic stans mente pia / novam legat ave maria) e all'interno dello stemma mostra tre gigli stilizzati. Al custode germanofono Hans Hilpold subentrò nel 1934 Antonio Nicolussi di Luserna che aveva il compito di accompagnare i visitatori attraverso il "monumento nazionale" [«il più importante monumento dell'arte e della storia dell'Alto Adige» (Rusconi 1942)]. Gli orari di apertura erano dalle 9 alle 12 e dalle 13 al tramonto. A partire dal 1935 Arturo Fontanari fu assunto come custode del castello. Grande scalpore suscitò la breve guida sul castello redatta da Otto Mayr dal titolo "Castello Tirolo presso Merano", che nel 1936 fu ritirata dalle librerie per volere del Partito nazionalsocialista perché conteneva presunte affermazioni contro lo Stato. Il conservatore Giuseppe Gerola pubblicò nel 1935 una guida sul castello in lingua italiana. Il 9 giugno 1936 l'arciduca trentino Celestino Endrizzi giunse da Trento per visitare la cappella del castello. Nel 1937 si avanzò la proposta di installare un sistema di illuminazione elettrica nel castello; fino ad allora, infatti, si era andati avanti con candele e lampade a petrolio. Il sistema fu installato nell'autunno del 1938 e nella cappella solo nell'anno 1952. Nel 1936 le pareti di una stanza furono imbrattate con scritte offensive nei confronti dello Stato; la sala fu chiusa al pubblico e le scritte furono coperte con uno strato di vernice. Nel giugno del 1938 il soprintendente si rivolse all'impresa edile Augusto Mazzonelli, che era stata chiamata anche per eseguire i lavori al castello di Avio, per chiederle un preventivo di spesa per la rimozione delle bifore più recenti e per il ripristino delle precedenti aperture. Il lavoro fu poi commissionato e si concluse nel 1942. Nel 1938 Massimo Nicolussi restaurò a Trento la scultura di San Pancrazio; in questa occasione furono rimossi gli strati di vernice aggiunti in seguito. La ditta edile Albino Pizzolato di Vicenza, che aveva una filiale anche a Bolzano, migliorò i tetti nel 1940 e rinnovò la piccola finestra nella cappella superiore. Le abbondanti precipitazioni del novembre

1941 danneggiarono la sezione occidentale delle mura di cinta tanto da provocare il crollo di un metro quadro di muro. Nel 1942 i tetti del mastio e del "Mushaus" furono ristrutturati e si dovette nascondere la scultura gotica della Madonna nell'appartamento del castellano (nell'armadio a muro della camera da letto); inoltre si restaurò la porta della cappella a Trento e nel tardo XIX secolo si sostituirono le maniglie.

Dopo la Seconda guerra mondiale la Südtiroler Volkspartei si oppose al licenziamento del custode Alois Stadler che aveva ottenuto questo posto negli anni del regime nazionalsocialista. A lui subentrò Giuseppe Rizzonelli. Nel 1948 si inserì una nuova trave portante al secondo piano del palazzo meridionale, si costruì una nuova fontana e si rinnovò la scala di legno che conduceva all'accesso sopraelevato del mastio. Nel giorno della Visitazione di Maria del 1942 si verificò un episodio insolito allorché 70 persone si trovarono improvvisamente riunite nella corte del castello per celebrare una messa accompagnata dalla banda musicale del paese di Tirolo. Quando il 2 luglio dell'anno seguente 300 austriaci chiesero nuovamente il permesso per celebrare una messa nella corte del castello, l'autorità preposta alla cura dei monumenti rispose con un netto divieto. A metà gennaio dell'anno 1951, nella cucina del custode del castello divampò un incendio che, seppur tempestivamente domato, provocò notevoli danni al tetto. Importanti interventi di restauro furono eseguiti sotto la guida del soprintendente alle Belle Arti di Trento Nicolò Rasmo nel 1962 e nel 1969. In quest'ultimo anno, in particolare, fu rimosso il pavimento di marmo della cappella e dissotterrata la cappella precedente.

Rasmo propose di adibire a museo il piano superiore del palazzo orientale dove si sarebbe dovuta illustrare la storia del castello e dei signori territoriali sulla base di disegni e incisioni. Con il passaggio di Castel Tirolo alla Provincia autonoma di Bolzano alla fine del 1973, la situazione cambiò radicalmente. Nel 1977/78 il conservatore provinciale Karl Wolfsgruber, in carica dal 1973 al 1982, rinnovò tutti i tetti e le rispettive ossature. I piani del mastio acquisirono una nuova suddivisione. Nel 1981/82 si risanarono gli edifici di servizio e si mise in sicurezza la cinta muraria con un dispositivo di ancoraggio. L'edificio del custode fu ricostruito e al piano terreno fu sistemata provvisoriamente la cassa. L'intonaco con giunti nella cantina del "Mushaus" fu rinnovato e la sovrastante stube rinascimentale restaurata. I lavori furono eseguiti dalla ditta Dante Tevini di Almazzago (TN).

Lapide di Johannes, XIV secolo

Sotto la guida del conservatore provinciale Helmut Stampfer, in carica dal 1983 al 2007, furono rimossi i soffitti a travi originali del palazzo orientale, compromessi nella loro solidità da un incendio, e furono eliminati elementi aggiunti a posteriori; il risultato fu che ogni piano era composto da una sola sala. L'attuale Sala del Burgravio veniva usata come ufficio. Le condizioni della parete orientale, la cui staticità risultava compromessa, furono ripristinate grazie all'aggiunta di un ponteggio di acciaio, che allo stesso tempo offriva maggiore sostegno all'intero edificio. Nel palazzo meridionale non ci furono interventi particolarmente significativi e si mantennero i risultati del precedente restauro; i pavimenti furono rinforzati e nel 2003 furono nuovamente assicurati a livello statico nel cosiddetto tempio.

Per quanto riguarda la storia del museo è importante segnalare che solo nel 1984 fu possibile allestire nel palazzo orientale una mostra storica in grado di offrire una panoramica della storia tirolese. L'ulteriore sviluppo del Museo di preistoria e protostoria a Castel Tirolo fu affidato a un archeologo, Hans Nothdurfter. Dopodiché il castello iniziò a ospitare anche mostre temporanee. Nel 1991 Siegfried de Rachewiltz assunse la direzione della struttura e fu il fautore della trasformazione in Museo storico-culturale della Provincia di Bolzano. Nel 1995 si svolse la grande mostra dedicata a Mainardo II, la prima organizzata congiuntamente con il Tirolo austriaco. Nel 2003 il presidente della Provincia autonoma di Bolzano Luis Durnwal-

der inaugurò la mostra permanente, tuttora esistente, dedicata ad alcuni aspetti della storia del Tirolo e il centro di documentazione sulla storia del XX secolo nel mastio. Una ricca attività di mostre ed eventi ha continuato a essere il fulcro del lavoro culturale svolto a Castel Tirolo. Dal dicembre 2013 la direzione del Museo storico-culturale della Provincia autonoma di Bolzano è affidata a Leo Andergassen.

L'iconografia del castello avito

Castel Tirolo divenne un soggetto particolarmente interessante per la pittura paesaggistica tedesca soprattutto nel XIX secolo. Essendo l'elenco di opere prodotte in questo contesto pressoché infinito, è possibile esaminarne solo alcune. Tra le prime raffigurazioni troviamo Castel Tirolo ritratto nel ciclo della storia della costruzione del convento di Maria Steinach a Lagundo risalente alla metà del XVI secolo. Qui Castel Tirolo, ancora sprovvisto della torretta campanaria della cappella, è rappresentato molto schematicamente nelle immagini della fondazione del convento voluto dalla contessa Adelaide. In un'altra immagine del convento si può ammirare il castello con la "Turris Parva" che svetta dietro alla cappella; qui tuttavia la riproduzione di epoca barocca ha risentito di influssi di epoche precedenti. Nella raccolta di schizzi creata attorno al 1610 dal conte Jakob Brandis, l'«Hauptschloss Tirol» (castello principale del Tirolo) figura due volte: una volta visto dalla valle con le «Tirolergepirg» (monta-

La contessa Adelaide controlla lo stato di avanzamento dei lavori di costruzione del convento di Maria Steinach, XVII secolo (Lagundo, Convento delle domenicane di Maria Steinach)

gne tirolesi) sullo sfondo, un'altra volta visto da est con i singoli elementi strutturali ben riconoscibili. Attorno al 1801/02 Ferdinand Runk immortalò il castello nella classica visuale da est estendendo per la prima volta lo sguardo all'area circostante. Nel 1809/11 Josef Mössmer inserì il castello in una valle dal sapore selvaggio-romantico che rivela un'ispirazione chiaramente arcadica. Nel 1850 Ludwig Neelmeyer realizzò un disegno a china del castello che rappresenta in particolar modo la salita romantica dopo il ponte "Köstenbrücke". Wilhelm von Harnier proiettò la raffigurazione del Tirolo nel Medioevo realizzando nel 1837 un gruppo di persone a cavallo mentre attraversa la forra dei castagni. Nel 1840 Eduard Gurk immortalò il castello visto da est, mentre in un secondo acquarello ritroviamo la classica veduta della Val d'Adige. At-

torno al 1845 Thomas Ender scelse come punto di osservazione la forra dei castagni da cui si ha la visuale di un torrente dal letto più largo e da cui lo sguardo è proiettato verso il castello privo di mastio. Una nota bucolica caratterizza il paesaggio attorno al castello nell'opera di Wilhelm Scheuchzer, in cui un pastore tira un asino da soma raffigurato alla maniera italiana e un giovane richiama l'attenzione della madre sull'animale. Nel 1846 Carl Spitzweg si recò in Tirolo e scelse come repoussoire in un disegno a matita il maso Sandgruber, dietro al quale si intravede il profilo di Castel Tirolo. Nel 1851 Bernhard Fries inserì nella sua raffigurazione del castello l'immagine di un contadino con addosso il costume tipico del Burgraviato; il sentiero che conduce al castello è abbellito e rappresentato come una salita romantica dalla ve-

Castel Tirolo, Veduta tratta dalla raccolta di schizzi del conte Jakob Brandis, 1610 ca. (Bolzano, Archivio provinciale)

Castel Tirolo, Veduta tratta dalla raccolta di schizzi del conte Jakob Brandis, 1610 ca. (Bolzano, Archivio provinciale)

getazione rigogliosa. Nelle collezioni del museo sono incluse numerose iconografie del castello risalenti al XIX secolo. Tra gli incunaboli della pittura paesaggistica del Romanticismo figurano i dipinti del castello realizzati da Friedrich Wasmann dal 1830 al 1832, che tra l'altro sono tra i primi esempi di pittura *en plein air* tedesca. In un acquarello del 1852 Edmund von Wörndle ritrae la corte interna del castello con il palazzo meridionale sullo sfondo e gli edifici aggiunti ben riconoscibili. A partire dal 2000 Jörg Müller di Bienne creò una serie di disegni raffiguranti le singole fasi costruttive di Castel Tirolo.

Ferdinand Runk, Veduta di Castel Tirolo, 1801/02

Ludwig Neelmeyer, Veduta di Castel Tirolo, 1850

Eduard Gurk, Castel Tirolo visto da est, 1840 (Bolzano, Archivio provinciale)

Carl Spitzweg, Veduta del maso Sandgruberhof, sullo sfondo Castel Tirolo, 1846
(Monaco di Baviera, Staatliche Grafische Sammlung)

Percorso

La chiesa paleocristiana/ altomedievale

Ci rechiamo innanzitutto nel fortilizio antemurale da dove si gode uno dei panorami più affascinanti dell'Alto Adige: la vista della Val d'Adige fino al monte Macaion. La posizione dominante del castello sull'intera valle da qui risulta particolarmente evidente. Allo stesso tempo è possibile appurare la situazione geomorfologica del vicino paese di Tirolo che deve il suo nome al castello. Fino agli inizi dell'età moderna Tirolo è stato sede della parrocchia a cui apparteneva anche Merano, fino alla soppressione della doppia parrocchia nel 1921.

Le lastre disposte lungo il sentiero che attraversa il fortilizio antemurale per una lunghezza complessiva di 300 metri furono realizzate dall'artista del Vorarlberg Gottfried Bechtold nell'ambito del suo progetto scultoreo "Zwischenzeit". L'area attorno alla ex scuderia fu rinnovata nel 2013 dall'architetto Markus Scherer. Se è vero che la chiesa datata al VI secolo e riportata alla luce negli anni dal 1992 al 1994 si estende anche nel cosiddetto fortilizio antemurale, dunque oltre la superficie vera e propria del castello, non è possibile escluderla da questo contesto. La chiesa in rovina ha un nesso con il castello anche solo per il fatto che qui fu ritrovato un blocco di marmo ridotto in schegge che appartiene alle pietre squadrate del portale della cappella. Questo ritrovamento convalida la tesi secondo cui parti della cornice del portale della cappella furono riciclate altrove. Appartenevano forse all'edificio preesistente? Il complesso fu scoperto per puro caso allorché si stava cercando la collocazione giusta per una cisterna di acqua da usare per spegnere eventuali incidenti.

La pianta della chiesa evidenziava inizialmente una sala rettangolare risalente al V secolo che sorgeva sui resti di un edificio di legno a un piano di epoca romana, che a sua volta era stato costruito su un piano interrato murato. Attorno all'anno 600 questo edificio fu integrato all'estremità da una sezione a forma di arco a tutto sesto che si estendeva per tutta la sua larghezza e accoglieva l'altare. La tomba contenente le reliquie apparteneva alla prima chiesa e si trovava al margine dell'abside centrale di epoca carolingia, in direzione dell'abside meridionale. Per accedere al sepolcro si scavarono dei gradini; nella camera delle reliquie fu ritrovato un sarcofago di marmo integro con una copertura di pietra. All'interno si trovava il reliquiario che consisteva in una pisside d'argento con una croce patente dorata sul coperchio amovibile e sul lato lungo. La camera delle reliquie è paragonabile a quella della vicina chiesetta di San Pietro.

Il reliquiario d'argento ritrovato nel sepolcro è considerato parte della produzione della Val di Non; a tal riguardo si suppone che anche le reli-

Chiesa triabsidata

quie provenissero dall'area di Trento. È probabile, dunque, che la chiesa paleocristiana appartenesse al vescovado di Trento; il passaggio alla diocesi di Coira avvenne infatti solo nel VII/VIII secolo. Il reliquiario dovrebbe essere giunto qui ancor prima dell'invasione dei Franchi nel 591.

Pisside d'argento, V secolo

Nel reliquiario furono rinvenuti frammenti di seta, lino, strisce di papiro con resti delle iscrizioni delle reliquie e parti bruciate. La base quadrata marmorea, originaria dell'altare a colonne, fu utilizzata nella seconda metà del X secolo nei muri divisori della chiesa triabsidata che termina a est con un muro rettilineo. Questa è lunga 14,5 m e larga 9 m. La sala a tre absidi che termina con una parete rettilinea è una tipologia architettonica tipica soprattutto dell'Istria, ma si sviluppò dapprima in Siria e poi si diffuse fino all'Europa occidentale. La chiesa di San Benedetto a Malles in Val Venosta, risalente alla metà dell'VIII secolo, è strettamente connessa all'edificio sacro costruito sulla collina del castello. La chiesa era dotata di pitture parietali di cui tuttavia furono documen-

Lastra sepolcrale di LOBECENA, VIII secolo

mare che la chiesa sarebbe esistita almeno fino al tardo XI secolo.

Il primo complesso edilizio

Occorre innanzitutto specificare che Castel Tirolo figura tra i manieri maggiormente studiati nell'area alpina. A offrire un contributo determinante agli studi di storia edilizia del castello sono stati Martin Bitschnau, Walter Hauser, Martin Mittermair, Kurt Nicolussi, Konrad Spindler e Harald Stadler. Dalle analisi edilizio-strutturali risulta che la maggior parte delle mura di cinta, dal mastio alla cappella, appartiene alla prima costruzione che è datata all'epoca della dinastia salica a fine XI secolo. I ricercatori eseguono dei confronti a livello di muratura con la chiesa di San Vigilio a Morter (1080) e con la cripta del monastero di Sonnenburg (1090). Il muro spesso 1,36 m si è preservato fino a un'altezza di 8 m e presentava tracce di un camminamento di ronda dotato di merli. Nell'area della cappella l'esistenza di un edificio preesistente è nota dal 1969. La sala monoabsidale presenta una superficie interna di 7 x 5,25 m. Questa confinava a ovest con il palazzo, sebbene non sia chiaro come fossero collegate le due strutture. Non è possibile tuttavia affermare fino a che punto fu ultimato il primo complesso. Sulla base di ricerche archeologiche non sono attestabili elementi strutturali interni. L'edificio fu ad ogni modo totalmente integrato nella fase dedicata all'ampliamento della costruzione dal 1138 al 1220.

tati solo scarni resti – si sono preservati solo una croce e un tralcio di vite. Si individuano anche tracce della cancellata del coro non più conservata.

Nella chiesa erano presenti delle tombe di cui si è conservata solo quella di una bambina di nome LOBECENA. Sulla lastra sepolcrale rinvenuta in posizione centrale dinnanzi all'altare, e dunque dietro la cancellata del coro, è riportata la seguente iscrizione: IN CHRISTI NOMINE HIC REQ(UIESCIT) LOBECENA / aLBA D(eposit)A. Si ipotizza che qui riposasse una bambina morta in grazia battesimale.

Se si vuole stabilire per quanto tempo si conservò questo edificio sacro occorre fare riferimento all'edificio preesistente al di sotto della cappella del castello. Dal raffronto si può affer-

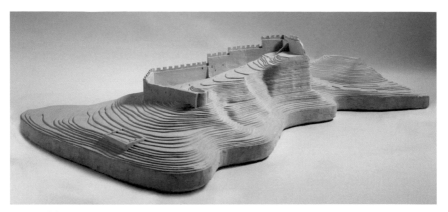

Plastico del primo impianto

Il palazzo

Il piano terra del palazzo è raggiungibile tramite un ingresso con arco a tutto sesto ricavato nella parete nord. Qui si possono ancora ammirare le travi di legno risalenti ai tempi della costruzione; i conci di pietra sono disposti in strati regolari. A est è presente un'apertura che conduce a una sala sviluppata in senso longitudinale che conduce poi al piano terra della cappella. Qui l'accesso è stato aperto nel 1215/20 dopo che una prima porta rettangolare nell'angolo nord-ovest era stata chiusa. In questa sala, chiamata "tempio", si custodivano tesori e armi. Si possono qui vedere i muri portanti della cappella precedente come sono stati rinvenuti nel 1969. Il palazzo originario – la *domus* del castello – era un ambiente a sala sopraelevato a un solo piano, situato all'inizio del "piano rappresentativo rialzato" (Cord Meckseper). Questo palazzo a forma di sala ha una superficie interna di 20,10 x 11,6 m. Secondo le indagini dendrocronologiche fu costruito nel semestre invernale a cavallo degli anni 1138 e 1139. A tale scopo furono forate sette travi nel piano interrato, di cui molte con anello cambiale. Il palazzo e la cappella furono dotati in contemporanea di travi, che infatti presentano una datazione omogenea dell'abbattimento. L'inizio dei lavori di costruzione coincide esattamente con il passaggio dalla dinastia salica a quella degli Hohenstaufen, tanto più che nel 1135 Corrado III fu incoronato re. L'ambiente abbondantemente dotato di finestre offriva un'ottima veduta dell'esterno ed era ben visibile dalla valle tanto che, nell'immaginario comune, il palazzo veniva identificato con il castello. Da qui si poteva avere un'ottima visione soprattutto della Val d'Adige e della Val Venosta inferiore. A svolgere una funzione rappresentativa nel castello era innanzitutto la scala esterna murata che conduceva all'atrio inferiore dove il primo portale di pietra sorprende il visitatore. Il valore rappresentativo del castello si percepisce chiaramente anche accedendo al piano nobile, guardando la valle dalle bifore, osservando il portale della cappella, che va interpretato anche come elemento decorativo del palazzo, e infine entrando nella cappella di San Pancrazio. Fu solo sotto il regno di Mainardo II, a partire dal 1285, che si decise di sopraelevare il palazzo e di creare degli spazi abitativi al piano superiore. Precedentemente il palazzo e la cappella terminavano con un coronamento merlato in cui erano integrate almeno 33 caditoie.

Come fu chiamata la sala? Nel 1270 l'ambiente antistante la cappella fu definito *in coenaculo*, che significava "nella sala da pranzo", dunque era usato come sala delle feste e abitazione. Nel XIX secolo il palazzo fu associato al termine "Mushaus" (refettorio), che di per sé sarebbe pertinente con la definizione di *coenaculum*. In epoca moderna si parlava in generale di "Kirchensaal", che tradotto letteralmente significa "sala della chiesa". L'ambiente come si presenta oggi è caratterizzato da quattro pilastri di legno che sorreggono il pavimento della sala sovrastante. Le bifore sono il risultato dei restauri del 1880 e del 1961. Finestre conservate nel loro stato originale sono la bifora orientale aperta sulla parete meridionale e i due frammenti di imposte sulla parete nord. Originali sono anche il capitello a stampella sulla bifora a ovest della parete meridionale e la colonna fascicolata con capitello palmiforme nella parete occidentale. Le copie del XIX secolo furono realizzate dallo scultore Josef Wassler.

Piano terra del palazzo meridionale

Cripta, piano terra della cappella

Scultura architettonica: i portali romanici

I due portali di Castel Tirolo costituiscono la principale testimonianza di scultura architettonica medievale del Tirolo e sono legati alla cappella dal punto di vista tematico. Il **"portale del paradiso"** conduce all'in-

pp. 34/35: Castel Tirolo visto dalla chiesetta di San Pietro

33

La trasformazione del palazzo in epoca barocca

La trasformazione del piano superiore realizzato in epoca moderna era prevista sin dal 1699, ma non fu portata a compimento a causa della morte del vicecapitano Michael Khainz. I lavori di ristrutturazione erano necessari considerando che il palazzo orientale era ormai ridotto in rovina e non era più idoneo ad accogliere ospiti e rappresentanti del clero in occasione delle commemorazioni annuali. Anche durante gli anni della guerra di successione spagnola mancava il denaro necessario per i lavori. Nel 1722/23, quando era in carica il cellario Voglmayr proveniente da una famiglia di Bolzano, l'architetto bolzanino Josef Delai fu incaricato di realizzare delle camere riscaldabili utilizzando materiali leggeri (tramezzi a traliccio); in termini statici i tre piedritti di legno della sala sottostante dovevano sorreggere il soffitto. Sul lato sud si trovavano tre ambienti, sopra il largo passaggio posto a nord furono aperte quattro piccole stanze. La più grande all'angolo sud-ovest è documentata da un disegno di Eduard Gurk (1840). A queste si accedeva non dalla sala sottostante bensì da un vano scala annesso esternamente; il vecchio accesso all'angolo nord-est oggi è chiuso da una porta a battente. La scala di accesso in legno all'angolo nord-ovest della stanza fu costruita solo nel 1880. Le finestre nella sala superiore furono ricostruite durante il restauro del 1961 ispirandosi alla situazione presente nel periodo tardo-gotico. Il soffitto è sorretto a sua volta da quattro pilastri.

gresso nell'edificio destinato alle feste, il palazzo, le cui finestre mostrano capitelli anch'essi decorati da sculture, mentre attraverso il **"portale della redenzione"** si accede al luogo propriamente sacro, la cappella. Il programma, il cui sviluppo risulta comunque lineare, trova espressione nelle sculture dell'arco trionfale, abbassato nel corso della sopraelevazione della cappella, nonché negli intradossi delle finestre della cappella.

Dal portale del palazzo, un portale a gradino singolo con colonne a tre quarti e ampia porta oblunga rettangolare, si accede al palazzo, a sua volta protetto da un atrio realizzato alla fine del XIII secolo e caratteriz-

zato da diverse aperture. L'immagine centrale è rappresentata dall'angelo che domina il timpano. La sua interpretazione come arcangelo Gabriele non trova riscontri, considerando anche il fatto che manca la raffigurazione di Maria, il suo pendant. L'angelo sorveglia l'accesso al palazzo; la mano destra è alzata in segno di benedizione, una posa che tuttavia non si addice agli angeli ed è pertanto da interpretare come un gesto annunciatore o retorico. Nella mano sinistra regge uno scettro coronato da un fiore di giglio, ha il capo circondato da un'aureola e due ali piumate. Lo scettro col giglio fa parte delle insegne reali-imperiali e dal punto di vista formale è affine allo scettro a

Eduard Gurk, La stanza della cerimonia d'infeudamento a Castel Tirolo, 1840 (Bolzano, Archivio provinciale)

croce, che a sua volta si è sviluppato a partire dallo scettro ad asta imperiale. L'angelo ostiario, nel suo ruolo di messaggero divino, conduce al Paradiso e ne sorveglia le porte. Gli angeli ostiari e guardiani compaiono spesso ai lati dell'abside e nei portali delle chiese. L'aureola crociata, solitamente appannaggio esclusivo dell'immagine divina, è un palese riferimento a Cristo, colui che è avanti ogni cosa (Col 1,17). L'angelo è da interpretare come "angelo del Signore". Se non altro questo tratto distintivo di Cristo è sottolineato dall'aureola crociata che riunisce in un certo senso il contenuto dei due portali. Lo stesso scettro coronato dal giglio tenuto in mano dall'angelo ri-

manda al regno a venire di Cristo (Ef 1,21).

Per le loro fattezze gli animali raffigurati nelle strombature del portale non sono considerati creature miste e non svolgono pertanto una funzione apotropaica. Essi illustrano piuttosto l'opera di creazione divina, esemplificata anche dalla coppia umana riproposta due volte per motivi di simmetria. I capitelli delle colonne, ciascuno ornato da un volto maschile con la barba, richiamano secondo l'autore della presente guida la figura di Atlante: il riferimento ai 24 vegliardi dell'Apocalisse richiederebbe la rappresentazione del trono di Dio.

A sinistra è raffigurata una coppia in movimento: la donna indossa un abito con moderne maniche pendenti, scampanato e lungo fino a terra, simile a quello di un angelo; l'uomo, vestito semplicemente di un camice annodato sul davanti che ricade sul dietro, calza un paio di scarpe ai piedi e tiene per mano la donna alla sua destra. La seconda coppia, che fa da pendant, è in gran parte andata distrutta, si può tuttavia notare che l'uomo ha nella mano de-

stra un fascio di spighe. È lecito chiedersi se i riferimenti siano da considerarsi obbligatoriamente biblici o se non sia preferibile leggerli in chiave contemporanea, interpretandoli come le coppie reali di Alberto II e Bertoldo di Tirolo. Secondo l'autore il rinvio diretto ai proprietari del castello è da escludere. Si tratta di un mazzo di spighe o di un albero? È sostanziale il fatto che si tratti di un

Portale del palazzo, 1138/39

Angelo con aureola crociata nel timpano

Coppia nella strombatura del portale del palazzo

simbolo di vita. Le spighe andrebbero lette come un richiamo all'agricoltura e per così dire alla maledizione divina in seguito alla cacciata dall'Eden. Al contempo il mazzo di spighe è però anche un rimando all'offerta sacrificale dell'agricoltore Caino in contrapposizione al vero sacrificio dell'allevatore Abele. L'albero stilizzato compare in numerosi altri edifici romanici (cfr. San Bartolomeo di Almenno). Un ramo dell'Albero della Vita fu dato a Sem, che lo piantò sulla tomba di Adamo.

Sopra le coppie, su tre strati di pietra, sono rappresentati in posizione contrapposta due montoni e quattro leoni. Un animale (leone?) in movimento si trovava un tempo anche sotto la coppia nella strombatura sinistra. Si può notare che nelle strombature non è raffigurata nessuna creatura mista, né alcuna scena di lotta. L'idea del paradiso trova espressione nelle colombe che si abbeverano da una ciotola, culmina nella promessa di salvezza cristologica incarnata dall'immagine di Daniele nella chiave di volta e si chiude con il gesto d'invito dell'angelo nel timpano. Il montone è l'animale sacrificato da Abramo.

Il tema qui raffigurato raggiunge l'apice nelle sculture in pietra nella cornice del timpano: al centro vi è il profeta Daniele nella fossa dei leoni (Dan 6), tipica prefigurazione di Cristo, mentre doma i leoni tenendoli fermi per le zampe. In direzione di Daniele si muovono un grifone e un cervo. Selvaggio e violento, il grifone faceva parte dell'immaginario me-

Daniele nella fossa dei leoni, rilievo nella chiave di volta del portale del palazzo

dievale; oltre a essere descritto nei bestiari, veniva utilizzato anche come motivo ornamentale su tessuti e oggetti di artigianato artistico. Per il ruolo rivestito dalla creatura nel Romanzo di Alessandro, l'immagine del grifone è stata poi accostata a quella del prototipo dell'Ascensione di Cristo. Secondo la descrizione di Ildegarda di Bingen, il grifone temeva soprattutto i leoni. Solo Giovanni Scoto Eriugena lo considerava un simbolo positivo, vedendo in lui un modello di castità, soprattutto perché alla morte della femmina viveva in celibato. La saga del grifone custode dell'oro confermava la morale secondo cui l'uomo non dovrebbe aspirare alla ricchezza ma piuttosto ai valori spirituali. Nel contesto della storia di Daniele, il grifone potrebbe rappresentare la malvagità dei potenti che perseguitano il bene. Per Tommaso d'Aquino il grifone era simbolo della superbia e anche per

Ugo di San Vittore questo animale era espressione di mancanza di fede, freddezza e crudeltà. Il cervo simboleggiava invece la vittoria della fede sull'assenza della stessa ed era un'immagine dell'iconografia battesimale secondo il Salmo 42. A sinistra una colomba descrive un arco verso l'alto, mentre nel quadrone successivo l'idea del paradiso viene espressa per mezzo di due colombe che bevono da una ciotola affiancate da due palme dell'Eden, un motivo paleocristiano usato per indicare la forza vitale di Dio che nutre le proprie anime (cfr. Ravenna, Mausoleo di Galla Placidia). Il concio d'imposta sul lato destro mostra invece un drago con lo sguardo minaccioso rivolto all'indietro.

Il **portale della redenzione** all'ingresso della cappella è strutturato in modo sostanzialmente diverso. Le sculture delle strombature dominano maggiormente lo spazio, dalla soglia sporgono due gradini e il timpano è delimitato da una cornice multipla. La scena della deposizione di Cristo nel timpano rappresenta l'immagine principale, nonché la prima su cui si posa lo sguardo: nel caso di tutti i portali, i pellegrini descrivono prima il contenuto del timpano e solo in un secondo momento le figure sulle strombature. Giuseppe d'Arimatea e Nicodemo sono intenti a raccogliere la salma. La composizione è paragonabile al rilievo in pietra di Santo Domingo de los Silos in Spagna. Cristo è raffigurato come sempre davanti alla croce con le braccia aperte in modo rappresentativo, un'immagine di grande forza espressiva in vista della Risurrezione. Sopra la scena della croce si può vedere la mano benedicente del Padre, leggermente fuori asse e accompagnata da un motivo a treccia in pietra interpretabile come simbolo dell'eternità di Dio che non conosce né inizio né fine. La *dextra Dei* nella chiave di volta, rispetto alla quale sono disposti gli animali, simboleggia la parola di Dio, che alla fine di tutti i tempi trionferà sull'Anticristo, rappresentato dalle figure diaboliche. La lotta contro il male è dimostrata dalla mano benedicente di Dio; viene predetto il trionfo del bene, motivo che a sua volta si collega all'agnello rappresentato nella chiave di volta dell'arco trionfale della cappella. Le figure animali che si avvicinano all'immagine divina hanno una connotazione negativa: nella metà sinistra dell'arco un diavolo lotta contro un dannato, facendolo cadere a testa in giù; seguono due scimmie, simbolo della follia, che si avvicinano

alla mano benedicente. A destra un grifone uccide una lepre e, più sotto, un pavone, simbolo del bene, sale verso l'alto annunciando la glorificazione di Cristo.

Sotto la deposizione dalla croce, oltre a una parte di marmo mancante, si notano due uomini, quello a sinistra con la barba e quello a destra senza, che tengono in mano all'altezza dei fianchi un oggetto quadrangolare, forse un libro. Qual è l'identità dei due uomini raffigurati? Le allegorie dell'Antico e del Nuovo Testamento seguono sostanzialmente i modelli dell'Ecclesia e della Sinagoga. È possibile vedere nelle due figure stese due rappresentanti dell'Antica Alleanza, che nel limbo trovarono la salvezza e la liberazione per mezzo del sacrificio di Cristo. È tuttavia ipotizzabile anche un'interpretazione come trasfigurazione di Gesù, con la testa di Cristo al centro e ai lati Mosè ed Elia.

Le immagini del trionfo e della vittoria sul male nelle strombature del portale sono strettamente legate le une alle altre. Il centauro sul lato sinistro scocca una freccia in direzione dell'immagine di Cristo nel timpano. Nel Fisiologo, il centauro, metà uomo e metà cavallo, è sinonimo della duplice natura e dell'eresia umana. L'arco e la freccia lo identificano come irruente rappresentante del paganesimo; raffigurazioni affini si trovano nel matroneo della chiesa conventuale di Serrabone nei Pirenei e su un capitello della basilica di Sant'Andochio a Saulieu. Il centauro nella zona del basamento della cappella di Castel d'Appiano presenta già un armamen-

Portale della cappella, 1138/39

tario da cavaliere, comprensivo di spada e scudo. Il bassorilievo raffigura i momenti che hanno preceduto e seguito il compimento del peccato originale: l'offerta della mela da parte del serpente e il mascheramento della vergogna successiva alla scoperta, da parte di Dio, della disobbedienza al divieto di cibarsi del frutto. Il peccato originale fa da premessa al marcato rilievo soprastante, che raffigura la scena dell'Antico Testamento nella quale David uccide il leone: il pastore gli strappa dalle fauci il montone (1 Sam 17,34). Il leone mostra i denti a David che lo tiene in scacco con il proprio sguardo. Sulla strombatura destra si concentrano le scene della lotta contro il male: il drago a più teste dell'Apocalisse divora Enoch ed Elia, i testimoni del compimento finale del destino dell'umanità che hanno incitato alla lotta contro di lui. Le figure escatologiche si ritrovano in numerosi programmi delle facciate romaniche. Il drago che s'impenna nel blocco di

Eduard Gurk, Portale romanico della cappella di Castel Tirolo, 1840 (Bolzano, Archivio provinciale)

Centauro con l'arco nella strombatura sinistra

David doma i leoni

Il drago dell'Apocalisse divora i profeti
Enoch ed Elia

pietra inferiore viene sconfitto da un'aquila; la sua coda termina con delle fauci dentate dalle quali fuoriescono lingue di fuoco. Sui capitelli esterni delle strombature del portale vi sono altre aquile, che si ripetono a loro volta anche sull'arco trionfale.

Le sculture architettoniche della cappella culminano nei rilievi che ornano le strombature delle finestre dell'abside e l'arco trionfale. Qui è possibile ammirare l'agnello pasquale con la croce pastorale, simbolo dell'agnello sacrificale di Cristo risorto, mentre il libro aperto lascia intravedere la bestia dell'Apocalisse e dunque il ritorno di Cristo nel giorno del Giudizio. A destra vi sono i rilievi del toro e dell'aquila, simboli degli evangelisti Luca e Giovanni, autori del primo e dell'ultimo Vangelo, entrambi raffigurati con un libro. L'aquila presenta anche un'aureola. Di fronte vi sono un'aquila (senza aureola) e un leone con la lingua di fuori, motivi iconografici dell'ortodossia e della retta credenza. La diversa valenza dei due lati può essere interpretata solo dal punto di vista escatologico: la raffigurazione di Cristo sotto forma di agnello sta a indicare il Giudizio universale. Qui si inseriscono le immagini dell'Apocalisse che alludono al Giudizio, solo accennato e annunciato dalla mano benedicente (*dextra Dei*) nella chiave di volta del portale. Il tema del bisogno di salvezza dell'uomo che trova compimento nel paradiso è espresso sopra le finestre dai rilievi dei due pavoni che bevono da una ciotola. Si ripete qui l'immagine del paradiso già incontrata nel portale del palazzo.

Ricordiamo le immagini della creazione ordinata del portale del palazzo: qui non è presente alcun tipo di disaccordo ma regna l'ordine paradisiaco; solo nella cornice del timpano vi sono evidenti richiami al bisogno di redenzione dell'umanità e alla salvezza annunciata da Cristo. Il peccato originale nel portale della cappella è la scena chiave per comprendere il legame tra i due portali: in "paradiso" viene commesso il peccato originale dal quale deriva il bisogno di redenzione. Il portale del paradiso conduce al giardino dell'Eden e contemporaneamente al percorso verso il Regno dei Cieli. Il termine "paradiso" è consono al contesto delle anticamere e dei protiri delle chiese, poiché è la traduzione dal greco di atrio, giardino.

Simboli degli evangelisti Luca e Giovanni sull'arco trionfale

Data la singolarità del rilievo la ricerca di corrispondenze risulta vana. È possibile effettuare comparazioni stilistiche convincenti con il rilievo della facciata rovinata dagli agenti atmosferici della basilica di San Michele a Pavia. La psicomachia di vizi e virtù si sviluppa a strisce, come su un campo da gioco ordinato. Gli angeli con le mani alzate fanno da guardia agli ingressi e sono raffigurati insieme a San Michele, l'uccisore del drago, nonché patrono dei Longobardi. All'interno, in stretta relazione tematica, i rilievi dei capitelli mostrano delle immagini della storia della salvezza. San Michele è la chiesa che ha fatto da scenario alle incoronazioni dei sovrani longobardi: è qui che Federico I Barbarossa di Hohenstaufen fu incoronato con la Corona Ferrea dei Longobardi. Nel 1162 il conte Alberto di

Agnello dell'Apocalisse nella chiave di volta

Aquila e leone come simboli negativi nella strombatura destra

Tirolo faceva parte del seguito dell'imperatore. Si pensa tuttavia che a quei tempi i rilievi dei portali fossero già stati realizzati.

La fonte di ispirazione delle compatte sculture architettoniche che ornano i portali proviene dunque da Pavia? Rispetto al carattere architettonico urbano della facciata di San Michele, i portali del castello risultano compressi e pressati, sembrano una versione in miniatura di grandi ingressi signorili. Si ipotizza tuttavia che per il castello siano stati incaricati artigiani lombardi, arrivati attraverso il passo dello Stelvio e la Val Venosta, zona di primo insediamento dei conti di Tirolo. Sul lago di Como, luogo d'origine dei *magistri*, la loro abilità artigianale è dimostrata da chiari esempi, nei quali compaiono elementi che ricorrono anche a Castel Tirolo: listelli e tori a soggetto vegetale, motivi a treccia, leoni, sirene bi-

Josef Tscholl, Portale della cappella di Castel Tirolo, inizio XX secolo

caudate, centauri, animali abbattuti nelle fauci avide di terrificanti predatori. A San Bartolomeo di Almenno si può ammirare la coppia e l'uomo con il ramo verde. Gli animali simbolo degli evangelisti nell'arco trionfale della cappella seguono il modello dei capitelli di San Sigismondo a Rivolto d'Adda.

La struttura contenutistica si differenzia dai concetti progressisti dell'Italia settentrionale per un aspetto: mentre negli ambienti comunali di quest'area il patrono della città assume un'importanza sempre maggiore per il suo ruolo identitario, in Tirolo questa nuova tematica non è riscontrabile. La necessità di attingere a fonti antiche e storiche per legittimare una nuova società non trova alcun consenso. Ma non è forse vero che la storia del potere della casata e dunque quella della regione hanno inizio proprio con le figure mitologiche nella nuova residenza dei conti? La legittimazione esclusivamente religiosa identifica i conti di Tirolo come i "figli di Adamo", ovvero gli eredi diretti degli abitanti del paradiso, sebbene il peccato originale e la colpa derivante dai peccati vengano cancellati dalla morte di Cristo sulla croce. Il peccato originale si compie nel *mare saeculi*, nel "mare del mondo". La grande sala, ovvero il "paradiso", mette in scena l'esigenza di redenzione. Nei capitelli delle trifore della sala è presente la figura esemplificativa dei marinai che cercano di attraversare il mare a bordo di una barca a vela sul cui albero spicca la croce. L'immagine del *mare saeculi* compare nel Fisiologo, dove si parla delle navi simboleggianti gli apostoli, i profeti e i martiri che approdano al porto sicuro dopo un viaggio burrascoso. Si tratta in fondo di un motivo ricorrente in numerose pitture parietali dell'arte romanica: nella zona del basamento della cripta di Castel Badia si possono ammirare ad esempio delle figure pisciformi. L'immagine rappresenta gli uomini che vagano nel *mare saeculi* senza aver ricevuto la grazia del Battesimo. Nella parte interna del capitello sinistro del portale della cappella la figura acquatica della sirena, creatura marina portatrice di morte per antonomasia, è dotata di un disco crociato ed è pertanto sacralizzata e privata del suo potere negativo.

Il "mare del mondo" viene utilizzato anche dai padri della Chiesa a scopo didattico. Rappresenta i pericoli morali che possono minare la base di una vita virtuosa e più semplicemente l'esistenza e l'operare del mondo. Agostino costruisce un ponte che collega il mare del mondo al Crocifisso. La croce è quindi l'unico mezzo che consente di superare il mare. Così si spiega l'orientamento tematico rispetto al Crocifisso nella lunetta del portale. Nel libro di Isaia si legge: «Gli empi sono come un mare agitato che non può calmarsi e le cui acque portan su melma e fango» (Isaia 57,20). Nel suo commento a Isaia, Girolamo definisce il *mare saeculi* come il mare abitato da piccoli e grandi animali, tra cui anche il drago che proferì bestemmie contro Dio (Hieronymus, Commentarii in Esaiam, lib. VII). L'abate cistercense Bernardo di Chiaravalle, che predi-

Scena con imbarcazione su un capitello romanico nella Sala dei Cavalieri

cava nel periodo a cui risale il portale, utilizzava il mare del mondo come immagine generalizzata dell'universo: Noè lo attraversò con la sua arca, Daniele per mezzo del ponte e Giobbe in prossimità di un guado. Grazie alle virtù della vita monacale era possibile superare i pericoli del mare. In età paleocristiana al mare era attribuito un significato sostanzialmente negativo: nel libro di Daniele (Dan 7,3) e nell'Apocalisse (Ap 13,1) gli antagonisti di Dio vengono dal mare. I cristiani aspirano a un mondo in cui il mare non c'è più (Ap 21,1). E tuttavia il mare del mondo funge al contempo da terreno fertile per la salvezza, poiché Dio, il pescatore, vi ha gettato il proprio amo.

La cappella del castello consacrata a San Pancrazio

Entrando nella cappella si resta prima di tutto colpiti dalla sua tipologia architettonica. Essa presenta infatti una struttura a doppia cappella, spesso riscontrabile nelle cap-

Veduta interna della cappella

pelle signorili del Medioevo. Alla sala sacra, che inizialmente occupava un piano di 5,6 m di altezza, fu aggiunto sotto Mainardo II un ulteriore piano collegato da una galleria circolare. L'ampliamento è stato datato, mediante indagini dendrocronologiche, attorno al 1285. La costruzione della galleria, progettata dall'architetto meranese Franz Petek e realizzata nel 1930 in sostituzione della struttura neoromanica del 1882, fu assicurata staticamente nel 1994 tramite un sistema di fissaggio a sospensione.

La cappella è consacrata a San Pancrazio, il santo cavaliere di Roma, e il patrocinio è documentato per la prima volta in forma scritta nel 1299. Nel Medioevo al santo era attribuita una grande importanza dal punto di vista giuridico, poiché era considerato il protettore dagli spergiuri. Lo status giuridico dei conti di Tirolo acquisiva così un certo peso. Le reliquie del santo erano conservate a Monte Maria, San Valentino alla Muta e Marlengo. A San Pancrazio è consacrata la chiesa della città di Glorenza e anche le parrocchiali di Ultimo e Mareta. Nella parrocchiale di Caldaro era collocato nel XIV secolo un altare dedicato al santo, così come nella cappella laterale della vecchia chiesa parrocchiale di Scena, donata da Petermann di Scena. I due ultimi luoghi di culto citati riflettono già il patrocinio dei conti di Tirolo. Nella cappella del castello è particolarmente venerata Santa Elisabetta di Turingia, imparentata con la casata degli Andechs-Merania per parte della madre Gertrude. In occasione della sua festa (19/11) veniva celebrato il memoriale dei defunti conti di Tirolo e, un giorno prima a partire dal 1328, anche la consacra-zione della cappella. L'altare nella cappella superiore è documentato nel 1307 come altare di Santa Caterina. Per la lampada posta davanti all'altare fu corrisposto nel 1313 il censo derivante da una vigna appartenente al maso Sandgruber. Santa

a sinistra: Elisabetta di Turingia, pittura parietale nella cappella superiore, 1330 ca.
a destra: San Pancrazio da Roma, pittura parietale nella cappella superiore, 1330 ca.

Elisabetta non è pertanto la patrona della cappella superiore.

Dal punto di vista liturgico la cappella era pensata soprattutto per la celebrazione delle ricorrenze annuali dei conti di Tirolo. Fino al XX secolo inoltrato queste messe precedute dal vespro (preghiera serale) furono celebrate in occasione della festa di San Pancrazio (12/05), di Santa Margherita (12/07) e di Santa Elisabetta. Le messe furono officiate da sette ecclesiastici, dall'amministratore della parrocchia e dal coadiutore di Tirolo, dal parroco di San Pietro e da sacerdoti di Naturno, Parcines e Lagundo, Caines e San Martino. Da Merano furono chiamati due padri cappuccini. La festa di San Pancrazio era quella celebrata con maggiore solennità. Delle rogazioni conducevano alla cappella passando da Naturno, San Martino in Passiria e Tirolo.

Altare nella cappella superiore senza retablo

Alla questione relativa al luogo di sepoltura dei conti di Tirolo si è dato risposta per lungo tempo facendo riferimento alla cripta. La cappella del castello non era tuttavia una parrocchiale e non poteva pertanto essere utilizzata come luogo di sepoltura. Quando nella tradizione si parla di "apud Tyrol" può essere intesa la zona circostante, in particolare la chiesa riportata alla luce nel fortilizio antemurale, dove è attestata la presenza di un cimitero tra il VI e l'XI secolo. Le spoglie della famiglia comitale furono a ogni modo trasferite nell'abbazia cistercense di Stams dopo il 1273.

L'effetto spaziale è definito dalle pitture parietali concentrate soprattutto sugli absidi e sull'arco trionfale, nonché nella zona delle porte della cappella superiore. L'ambiente è rischiarato da una fila di monofore. La cappella inferiore era illuminata da due finestre nella zona riservata ai laici e da tre nell'abside. In seguito alla sopraelevazione, il sistema di illuminazione fu ripreso anche per la cappella superiore, nel cui deambulatorio si aprono tre monofore che le conferiscono una maggiore luminosità. Nel XVI secolo fu ricavata una finestra più grande nella parte meridionale dell'abside. Le finestre del corpo longitudinale furono ampliate nel 1882 e riportate alla forma precedente nel 1969.

Partiamo dalle pitture parietali. Nella cappella inferiore il programma sacro si concentra nel presbiterio. Tra le finestre sono dipinti i quattro padri della Chiesa latini sovrastati da archi a tutto sesto. La raffigurazione è inte-

I Santi Maddalena e Paolo nell'abside della cappella inferiore, 1330 ca.

grata a sinistra dai Santi Maddalena e Paolo. Negli intradossi delle finestre vengono riprese immagini devozionali e scene tratte dalla storia della salvezza. Alla sommità dell'intradosso della finestra centrale è raffigurata l'Incoronazione di Maria, sotto vi sono la Crocifissione e la Risurrezione, nella finestra sinistra dell'abside la Madonna protettrice e in quella destra l'Annunciazione con Dio Padre nel punto di chiave dell'arco. Maria è rappresentata nell'intradosso sinistro, in modo da essere visibile anche dalla zona riservata ai laici. Il tutto è sormontato da un fregio a motivo animale.

Nel contesto delle pitture parietali gotiche erano inserite un tempo anche le vetrate della cappella. Di queste si è conservata solo una lastra raffigurante Maria in una scena dell'Incoronazione a due o tre figure. Essa consente di ricostruire il contenuto di quelle mancanti, nelle quali figuravano Dio padre e Cristo. La vetrata risale al periodo attorno al 1330 ed è la più antica conservatasi in una chiesa del Tirolo. Maria incoronata ha nelle mani un libro di preghiere rosso e sopra la sua testa vi sono due angeli che portano ciascuno una candela. L'iscrizione "Alma Mater" conferisce a Maria l'immagine di "madre benevola". L'invocazione rappresenta una versione abbreviata della preghiera mariana "Alma Redemptoris Mater", composta nel 1054 dal monaco benedettino Ermanno il Contratto di Reichenau. La preghiera faceva parte del breviario del periodo dell'Avvento e del Natale. Nella finestra meridionale, ampliata nel periodo barocco, oggi sono inserite delle lastre di vetro a tondi con l'aquila del Tirolo.

La strombatura dell'arco trionfale è dedicata alla storia della Creazione che si sviluppa in sette tondi. Sopra l'altare, sulla parete sinistra dell'arco trionfale, è raffigurata la Crocifissione. Sui pennacchi dell'arco trion-

Vetrata gotica con l'"Alma Mater", 1330 ca.

fale sono riportate le immagini del leone e del pellicano, simboli della Risurrezione e della morte in croce di Cristo.

Nella navata vi erano raffigurazioni di santi, il cui cattivo stato di conservazione consente solo l'interpretazione di poche figure. Nella parete nord è possibile individuare una schiera di cinque santi sovrastati da tabernacoli ornati da ghimberghe: un apostolo accompagnato da due vescovi e i Santi Sigismondo e Floriano di Lorch. La parete sud mostra l'immagine di due tabernacoli singoli con Sant'Agnese martire di Roma e un'altra santa.

Medaglione con scena tratta dalla Creazione sull'arco trionfale, 1330 ca.

Nella cappella superiore le immagini dei santi si limitano all'abside e alla parete dell'ingresso. Nella zona dell'altare si può ammirare a sinistra l'Adorazione dei Re Magi, sovrastata da ghimberghe. Il dipinto è stato trasformato già in corso d'opera: inizialmente erano previste tre figure di santi tra cui il patrono della parrocchia Giovanni Battista. La scena dell'Adorazione dei Re Magi è conforme ai modelli delle illustrazioni diffuse nelle Bibbie dei poveri, ad esempio nel Codice Cremofanensis 243, proveniente dall'area del lago di Costanza. Il motivo del ritocco potrebbe essere legato al viaggio a Milano del burgravio Volkmar di Postal nel 1327 o in generale alla sua ammirazione per i Re Magi, considerando anche che la cappella del suo castello a Postal aveva lo stesso patrono. I due angeli con la candela nei pennacchi dopo la bifora suggeriscono il punto in cui era collocata un'immagine santa, forse la Madonna scolpita che oggi si trova nella cappella inferiore. A destra della finestra centrale si trova l'immagine dell'altare vera e propria raffigurante la Crocifissione, qui accompagnata dalla santa dell'altare Caterina d'Alessandria e da un vescovo, forse Vigilio di Trento. Seguono poi Santa Elisabetta di Turingia e San Pancrazio. Santa Elisabetta è raffigurata mentre spezza una pagnotta da distribuire ai poveri.

Le cornici delle finestre sono arricchite da ricercate decorazioni. Dall'ornamento dell'abside è possibile dedurre un programma trinitario. In corrispondenza della finestra centrale vi sono 24 sfere che simboleggiano i 24 vegliardi che attorniano il trono di Dio, elementi decorativi ripetuti nella finestra sinistra, dove lo stesso simbolo è usato per indicare Cristo «della stessa sostanza del Padre» (Credo). La finestra destra mostra sette figure circolari che stanno a rappresentare i sette doni dello Spirito Santo.

Processione di santi sulla parete nord della cappella inferiore, 1330 ca.

Adorazione dei Re Magi sulla parete dell'abside della cappella superiore, 1330 ca.

Crocifissione sulla parete sinistra dell'arco trionfale nella cappella inferiore, 1330 ca.

Anche la parete ovest è ancora parzialmente decorata. Sopra l'ingresso risalta il più antico emblema del Tirolo a colori che si sia conservato. Al di sopra dell'accesso rettangolare alla "Turris Parva" ritro-

viamo invece lo stemma della Carinzia. L'ex re Enrico di Boemia aveva regnato anche sul ducato di Carinzia. La raffigurazione sovradimensionale di San Cristoforo è visibile anche dalla cappella infe-

Stemma del Tirolo sopra l'ingresso della galleria riservata ai regnanti, 1330 ca.

Stemma della Carinzia sopra l'ingresso alla "Turris Parva", 1330 ca.

riore e la sua contemplazione era intesa nel senso di una "Comunione spirituale".

Fa parte della cappella anche la torretta costruita nel 1582 e nella quale nel 1935 si potevano ancora ammirare gli stemmi del Tirolo e dell'Austria. Un tempo ospitava due campane del peso complessivo di 215 kg che furono fuse durante la Prima guerra mondiale (la rimozione avvenne il 12 novembre 1917 per il corrispettivo di 872 corone). Come attestato da una fotografia, la campana più grande – 60 cm di diametro e 147 kg di peso – era risalente al XVI secolo, verosimilmente un'opera di Simon Hofer di Lana. Era decorata da una ghirlanda sostenuta da putti e dal tema trinitario dell'Incoronazione di Maria. L'iscrizione cominciava con "LAUDAT[e Dominum in excelsis?]". La campana più piccola si era crepata nel 1863/64, fu rifusa nel 1865 da Bartolomeo Chiappani a Trento e consacrata il 18 luglio 1865. La richiesta presentata al ministero di Roma dall'arciprete Josef Prackwieser di Tirolo nel 1931 non andò a buon fine. Al posto di questa campana la parrocchia ne ricevette una del XVI secolo proveniente da San Pancrazio di Ultimo, che però era troppo grande per la torretta. La campana sostitutiva fu restituita al luogo d'origine nel 2013 e si trova da luglio 2014 a Sant'Elena di Ultimo. Nel 2015 è prevista da parte della fonderia di campane Grassmayr di Innsbruck la realizzazione di due campane [campana di San Pancrazio (116 kg), campana di Santa Elisabetta (70 kg)], in parte finanziate dalla Schützenkompagnie Dorf Tirol (compagnia degli Schützen di Tirolo).

Campana della torretta della cappella, XVI secolo
(Innsbruck, Tiroler Landesmuseen - TLMF)

L'inventario della cappella

L'inventario della cappella si compone di un patrimonio accumulatosi nel tempo e da beni sostitutivi motivati da ragioni storiche. Iniziamo dal patrimonio accumulatosi nel tempo. È datata agli anni attorno al 1330 la monumentale Crocifissione, collocata probabilmente da sempre in corrispondenza del parapetto della cappella superiore e quindi osservata da una prospettiva dal basso. Dal punto di vista stilistico è affine al gruppo dell'Annunciazione di Aufenstein, somiglianza che trova un riscontro storico se si considera che Konrad di Aufenstein era molto vicino all'ex re Enrico. Nel corso dell'ultimo restauro, durante il quale è stato possibile riportare alla

luce il primo strato di colore, sono stati ritrovati sotto le mortase delle figure secondarie un decenario (1274–1306) e un Berner meranese, probabilmente messi qui per ragioni votive. Il Crocifisso mostra ancora lo strato di colore sovrapposto dal costruttore di altari e falegname artistico Josef Stauder di San Candido. Nel 1861 il governatore Carl Ludwig aveva finanziato il "restauro" con una somma di 200 fiorini, il lavoro fu eseguito nell'autunno del 1861 e il compenso estremamente misero fu aumentato di 30 fiorini. In un primo momento si erano interessati all'assegnazione dell'incarico Franz Pendl di Merano e Friedrich Wasmann, ma avevano poi rinunciato per via dei costi. Nel 1860 P. Leodegar Kretz, presidente del Meraner Leseverein für Freunde kirchlicher Kunst, si era adoperato per la conservazione dell'opera e aveva inviato alla commissione centrale di Vienna un disegno di Wasmann. Inizialmente le sculture furono considerate «opere in gesso» e datate alla metà del XV secolo (Tinkhauser). Nel protocollo della visita pastorale a Coira del 1638 è documentata la leggenda secondo la quale, alla morte di un principe di Tirolo, si sarebbe staccato un pezzo del Crocifisso. Data la sua accessibilità, esso fu gravemente danneggiato dai "cacciatori di reliquie". Secondo la devozione popolare le parti e i trucioli ricavati dalle immagini di Cristo erano dei comprovati rimedi contro il mal di testa e altri malanni. La riparazione del 1865 non ottenne solo riscontri favorevoli. Leo von

Gruppo della Crocifissione, 1330 ca.

Leo von Klenze, Gruppo della Crocifissione prima del restauro invasivo, 1861
(Monaco di Baviera, Bayerische Staatsbibliothek)

Klenze, che aveva già riprodotto il gruppo in un disegno in occasione della festività dell'Esaltazione della Santa Croce nel 1843, si espresse in tono sprezzante nei confronti del risultato, affermando che il Crocifisso era «dipinto come una ballerina dell'opera con un gonnellino di lustrini dorati. Ridurlo in tale stato è costato duecento fiorini – mai denaro fu così mal speso» (I. von Düringsfeld, Aus Meran. Reise Skizzen, vol. 7, Merano 1868). Nel 1843 l'architetto urbanista di Monaco di Baviera aveva acquistato Castel Rottenstein a Maia Alta.

Del restauro delle figure secondarie, in legno di tiglio e alte 214 cm, iniziò a occuparsi nel 1969/1973 Nicolò Rasmo allorché affidò dapprima la Maria addolorata e poi l'evangelista Giovanni al restauratore Giancarlo Pocher, il quale ripulì entrambe le sculture dagli strati di pittura sovrapposti. Nel corso dell'ultimo restauro, eseguito da Helmut Prinoth nel 2002, furono portati alla luce alcuni dettagli decorativi delle bordature e furono scoperte le monete votive già citate.

Il retablo, privo di predella e portelle, collocato sulla mensa dell'altare di San Pancrazio, non ha alcun legame con il patrocinio della cappella del castello. Proviene dalla bottega del maestro di Bressanone Hans Klocker (doc. 1474–1502) e fu realizzato per Santa Barbara e San Lorenzo di Castelfeder a Ora. Quando la cappella fu secolarizzata nel 1782, il retablo, già sostituito nel periodo barocco da un nuovo altare, fu messo in vendita e acquistato nel

L'evangelista Giovanni, dettaglio, 1330 ca.

1884 per Castel Tirolo. Negli anni Trenta del XX secolo fu messo al sicuro nel "Museo Nazionale" di Trento e nel 1993 riportato a Castel Tirolo. Sullo scrigno è raffigurata Santa Barbara tra i vescovi Martino di Tours (l'oca fu riscolpita nel 2010) e Vigilio di Trento. Dal punto di vista stilistico il retablo è strettamente legato all'altare di Termeno esposto al Bayerisches Nationalmuseum, pertanto fu realizzato presumibilmente attorno al 1490. Klocker, che lavorava soprattutto nell'area di Bressanone, ottenne incarichi significativi anche in Val d'Adige, ad esempio per Termeno, Caldaro, San Leonardo in Passiria e per la chiesa dei Francescani di Bolzano.

Sotto David von Schönherr fu inoltre acquistato un altare a portelle più pic-

Hans Klocker, Altare di Santa Barbara proveniente da Castelfeder, 1490 ca.

colo proveniente dalla chiesetta di San Maurizio di Alliz, oggi conservato nel deposito, che fungeva da altare per la cappella superiore. Nello scrigno troneggia Maria tra i Santi Maurizio e Osvaldo; nelle portelle, che chiuse formano un arco a tutto sesto, si possono ammirare l'Apostolo Andrea e Santa Apollonia, mentre all'esterno è raffigurata l'Annunciazione. L'altare, databile attorno al 1515/20, è stato realizzato da un seguace di Hans Schnatterpeck. Nel 1977 fu restaurato da Giancarlo Pocher.

Gli stalli tripartiti del coro ospitavano gli ecclesiastici e furono realizzati nel 1579. Proprio a quel periodo risalgono le lamentele sullo stato di

Altare di Castel Tirolo, aperto, 1370 ca. (Innsbruck, Tiroler Landesmuseen - TLMF)

L'altare di Castel Tirolo

L'"altare di Castel Tirolo" costituisce l'incunabolo dell'altare a portelle mitteleuropeo. Una copia realizzata dal gruppo Unika di Ortisei in Val Gardena è collocata dal 2001 sulla mensa della cappella superiore. La sua rilevanza deriva in parte dal messaggio politico trasmesso e in parte dalla realizzazione artistica. Essendo la prima opera d'arte rappresentativa degli Asburgo importata in Tirolo, esso consolida le rivendicazioni della nuova élite a livello della storia della salvezza. Osservando l'altare chiuso si notano immediatamente i due fratelli Alberto III e Leopoldo III con le rispettive consorti Elisabetta di Lussemburgo-Boemia e Viridis Visconti, sebbene la disposizione delle figure non sia priva di significato. Sul lato destro Leopoldo, di per sé il fratello di secondaria importanza, è raffigurato sotto lo scudo fasciato intento a baciare i piedi di Maria. Lo stemma serve a identificare Leopoldo come "vero" conte di Tirolo. Questo aspetto viene sottolineato dalla figura di San Giorgio, il santo cavaliere patrono del Tirolo, il quale raccomanda il conte a Maria. Il bacio ai piedi di Maria è un

61

Altare di Castel Tirolo, copia realizzata dal gruppo Unika, 2001

Altare di Castel Tirolo, chiuso
(Innsbruck, Tiroler Landesmuseen - TLMF)

segno di reverenza alla patrona dell'altare e dunque un indizio più che eloquente per ritenere Leopoldo il vero donatore dell'altare. San Pancrazio, il santo della cappella di importanza senz'altro minore in Tirolo, consiglia Alberto III ed Elisabetta, quest'ultima rappresentata con una corona ad arco, riferimento alla discendenza imperiale della casata dei Lussemburgo. Le figure secondarie richiedono la presenza di un Crocifisso, che poteva essere collocato in forma di scultura davanti alle portelle chiuse. Non vi sono tuttavia segni di abrasione. Da chiuso l'altare riprende l'immagine del tocco ducale con le sue ghimberghe dal motivo a zig-zag.

Non è stato possibile risalire in modo concreto alla bottega in cui fu realizzato l'altare. Quest'ultimo è considerato un'opera viennese-boema; le parti dipinte, paragonabili a livello stilistico al ritratto di Rodolfo il Magnanimo, non sono in armonia con le sculture appena rudimentali, pertanto l'altare è da considerarsi chiaramente un altare a portelle. Le scene sui lati interni delle portelle raffigurano scene tratte dalla storia della salvezza: l'Annunciazione, l'Adorazione dei Re Magi, la morte e l'Incoronazione di Maria, ai lati della nicchia centrale la Visitazione e la nascita di Cristo. Per quanto riguarda la datazione, che la tradizione fa coincidere al periodo successivo al 1370, dopo la morte di Margarete di Tirolo nel 1369 e le visite di cortesia dei duchi documentate, occorre fare presente che la data è da fissare obbligatoriamente a prima del 1373, anno della morte di Elisabetta. Il fatto che dal punto di vista cronologico la donazione sia avvenuta prima del trattato di Neuberg del 1379 trova riscontro nella rivendicazione del Tirolo da parte del donatore Leopoldo che nell'immagine fa rappresentare intenzionalmente il primogenito Alberto in una posizione di secondo piano. I territori dell'Austria superiore andarono a Leopoldo solo con il trattato di spartizione. Questa osservazione non influenza in alcun modo la questione storico-artistica riguardante la bottega e la classificazione stilistica. Con

Nascita di Cristo, dettaglio
(Innsbruck, Tiroler Landesmuseen - TLMF)

Annunciazione, dettaglio
(Innsbruck, Tiroler Landesmuseen -
TLMF)

la scena del bacio dei piedi, ripetuta nell'Epifania sul lato interno della portella nel contesto della storia della salvezza, Leopoldo raffigurato sotto lo scudo fasciato e accanto allo stemma del Tirolo si presenta volutamente come sovrano "asburgico". Il programma visibile con le portelle aperte, dominato dal tema della corona, rappresenta una mera "reazione" al messaggio qui lanciato.

Nel 1809–1813 le portelle dell'altare di Castel Tirolo giunsero all'arciduca Giovanni tramite un signore della famiglia von Goldrainer e nel 1826 passarono al Tiroler Nationalmuseum; lo scrigno fu ceduto al "Ferdinandeum" nel 1826 da un signore della famiglia von Sagmeister. Nel 1828 l'altare finì all'abbazia di Wilten, dove sarebbe dovuto essere collocato nella cappella di San Bartolomeo, ma fu invece esposto nella "sala rossa". Nel 1938, per motivi legati alla cura dei monumenti, l'altare tornò al Tiroler Landesmuseum. L'altare fu restaurato tra il 1939 e il 1942 nei laboratori del Bayerisches Nationalmuseum di Monaco di Baviera. Nel corso del restauro i lati esterni delle portelle furono ripuliti da uno spesso strato di pittura rossa sovrapposta, riportando alla luce le immagini dei donatori.

San Pancrazio, scultura lignea, 1370/80 ca.

Madonna col Bambino, seguace di Giovanni Pisano, 1330 ca.

decadimento della cappella. Gli intagli a bassorilievo sugli schienali raffigurano lo scudo fasciato d'Austria. Uno stallo singolo presenta elementi aggiuntivi neogotici.

Ai lati dell'altare erano collocati un tempo i due candelieri processionali, anch'essi risalenti al XVI secolo. Il crocifisso per le processioni è datato al XVII secolo, il corpo di Cristo fuso è invece più antico e fu realizzato nel 1510/20.

Di importazione viennese è anche la scultura lignea riccamente indorata di San Pancrazio, che forse era collocata in corrispondenza dell'altare della cappella inferiore come immagine del patrocinio. Presenta dei parallelismi con le opere della bottega Wiener Herzogswerkstätte ed è databile attorno al 1380 (ad ogni modo prima del 1386). Utilizzata oggi a scopo museale, viene posta sull'altare durante la celebrazione della messa del patrono in occasione della festa di San Pancrazio. Secondo l'inventario del 1617, alla scultura era stata appesa una tavoletta della pace attorno al collo.

Messale romanico di Castel Tirolo, pagina iniziale del Canon Missae (fol. 84r), fine XII secolo

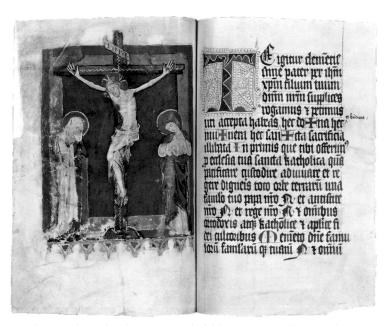

Messale gotico di Castel Tirolo, pagina iniziale del Canon Missae, metà XIV secolo

Casula tardo-gotica, 1500 ca.

Doveva appartenere agli allestimenti originari anche la Madonna collocata oggi sulla parete destra dell'arco trionfale nella cappella inferiore, un'opera a intaglio italiana del XIV secolo. Secondo Rasmo essa si trovava originariamente nell'abside della cappella superiore, dove la pittura parietale del 1330/35 farebbe riferimento a una scultura della Madonna. L'opera scultorea è databile attorno al 1325/30 e mostra influenze dei Pisano, in particolare di Giovanni, nonostante non raggiunga i livelli qualitativi tipici di questi artisti. La provenienza italiana potrebbe derivare dall'unione in matrimonio (1327) tra Beatrice di Savoia, figlia del conte Amedeo V detto il Grande, e l'ex re Enrico.

L'inventario dei beni mobili della cappella è documentato nelle fonti archivistiche. Già nel 1310 si contavano 26 manoscritti liturgici, due dei quali rimasero nella cappella. Ancora nel 1605 ci si rifiutò di gettare i vecchi libri e, in compenso, furono acquistati quattro messali romanici, affinché si potesse celebrare la messa contemporaneamente da tutti e quattro gli altari. Il messale più antico è datato alla fine del XII secolo, contiene un calendario liturgico e un necrologio con i giorni commemorativi della famiglia comitale. Nella Crocifissione riportata nella pagina iniziale del Canon Missae (fol. 84r) è stata curiosamente corretta la posizione delle figure secondarie, spostate con noncuranza verso l'alto, mentre in un primo momento Maria e Giovanni erano ritratti a mezzo busto sul bordo inferiore. Dal punto di vista stilistico il dipinto presenta una forte affinità con la pagina del Canon Missae non colorata conservata nella biblioteca universitaria di Innsbruck Cod. 277. Si ipotizza sia stata realizzata nell'area tra la Germania meridionale e il Tirolo. Sopra il palo trasversale della croce sono rappresentati il sole e la luna. Il messale più recente è datato alla metà del XIV secolo e riporta notevoli segni di usura. La Crocifissione su sfondo blu poggia su una mensola traforata.

Da una casula tardo-gotica del periodo attorno al 1500 proviene una croce dorsale con figure ricamate. In alto compare Maria con il Bambino, seguita da un santo vescovo privo di attributi, raffigurato sotto una struttura architettonica ad arco a tutto sesto, mentre ai lati si possono ammirare i ritratti a mezzo busto di Santa Caterina (con spada e ruota) e di Santa Elisabetta con il fascio di rose. Sotto il vescovo è rappresentata Santa Cristina di Bolsena, sovrastata da un coronamento trecentesco.

Calzatura medievale da bambino, reperto rinvenuto nel falso pavimento della "Turris Parva"

La "Turris Parva", la torre della cappella e il palazzo orientale

Turris Parva significa "piccola torre". Essa costituiva l'edificio di collegamento tra il palazzo meridionale e quello orientale e confinava al contempo con la cappella, per la quale funse da primo campanile. Prima della sopraelevazione del palazzo orientale, la torre dominava il complesso. Dal punto di vista cronologico il palazzo orientale fu costruito dopo quello meridionale. Il pian terreno e il primo piano furono realizzati attorno al 1215/20, mentre la sopraelevazione risale a un periodo successivo rispetto a quella della cappella, attorno al 1280/1301.

Dalla Turris Parva i visitatori accedono al secondo piano del palazzo orientale. L'apertura ricavata nel pavimento, chiusa da una lastra di ve-

tro, consente di ammirare l'intercapedine dalla quale furono riportati alla luce importanti utensili nel 1996/97. Questi includono una calzatura da bambino in pelle del Medioevo, una camicia da donna in lino del XV secolo, un boccale a doghe, un cucchiaio di legno, nonché pezzi di pergamena rosicchiati dai topi e resti lasciati dal carpentiere. Dei residui di piante, in gran parte portati nel falso pavimento dai roditori, sono state identificate 80 specie vegetali diverse: si tratta principalmente di cereali (orzo, panico, miglio, segale, frumento, grano saraceno, mais), ma non mancano neppure resti di frutta e soprattutto prodotti dei pascoli.

La stanza successiva, la quale funse per lungo tempo da residenza per i castellani o i custodi, mostra resti della pittura gotica a finto bugnato, nella parete nord lo stemma dei Freundsberg del secondo quarto del XIV secolo e nella parete ovest frammenti dello stemma con l'aquila del Tirolo. Berthold, Friedrich e Ulrich von Freundsberg erano al servizio dell'ex re Enrico. Tutte le finestre, or-

Stemma dei Freundsberg, dettaglio della decorazione pittorica al primo piano del palazzo orientale, secondo quarto del XIV secolo

nate da capitelli a bulbo di varie forme, furono progettate dall'architetto Nordio. La bifora meridionale della parete ovest fu murata. Nella Sala del Burgravio al secondo piano, recentemente allestita con arredi gotici tra cui una stufa del Trentino in ceramica smaltata verde, si trovava l'appartamento del cappellano del castello. Le pareti divisorie qui presenti furono eliminate nel 1977 e si diede vita così a un unico ambiente, sulla cui parete nord si possono ammirare in particolare i resti dell'originaria colorazione a conci dipinti della stanza. I resti di uno stemma sopra il cimiero sono riconducibili all'emblema dei Freundsberg. A est la sala confina con una stanza con volta a botte in laterizio, che a sua volta chiude in alto la Turris Parva.

Sala del Burgravio al secondo piano del palazzo orientale

Stufa in maiolica tardo-gotica nella Sala del Burgravio

Il mastio

Sulle fondazioni del mastio, risalenti al primo periodo della fine dell'XI secolo e alte fino a cinque metri, si sviluppa il complesso architettonico storico a tre piani, i cui lati raggiungono i 12,6 metri di lunghezza. Mentre nelle fondazioni i muri presentano uno spessore di 5,25 m, nel mastio storico sono di 2,30 m. La domanda se il mastio sia stato completato o meno incontra opinioni discordanti tra gli studiosi in materia. In contrasto con l'interpretazione di

Oswald Trapp, Nicolò Rasmo sostenne che il mastio non fu mai portato a termine e restò fermo all'altezza storica nel XII/XIII secolo. Trapp portò i segni di bruciatura come argomentazione a favore di una distruzione del complesso. Ma dove sarebbero finite in questo caso tutte le macerie? Nelle immagini più antiche del Tirolo (convento di Maria Steinach) risalenti alla metà del XVI secolo o in quelle riportate nel Codice Brandis (attorno al 1610), Castel Tirolo è raffigurato privo di mastio. Sulla base dell'analisi costruttiva oggi si ritiene che la torre non abbia mai superato l'altezza storica.

Il "troncone" di edificio fu tuttavia utilizzato: il mastio ospitava infatti la segreta del castello. L'inventario del 1591 attesta la presenza in questo edificio di cinque vecchie manette in ferro comprensive di catene e di due collari di costrizione. In età moderna la segreta funse da luogo di detenzione del tribunale di corte nobiliare, sebbene la reclusione in questo luogo fu considerata troppo dura nel 1599.

Il mastio fu rialzato nel 1902/04 secondo i progetti dell'architetto di Bressanone Alois Gstrein. I "nuovi" muri hanno uno spessore di 1,2 m e portano il mastio da un'altezza di 9 m a una di 37 m. Il materiale da costruzione proviene in parte da una casa contadina abbandonata a ovest del castello. Dal 2003 il mastio ospita su una superficie di 2500 m^2 un'interessante esposizione dedicata alla storia dell'Alto Adige nel XX secolo. Le tappe principali sono l'annessione all'Italia, il periodo tra le due guerre e il fascismo, il periodo delle Opzioni e

l'occupazione da parte del regime nazionalsocialista, il dopoguerra e l'autonomia. La trasformazione museale è opera degli architetti Walter Angonese, Markus Scherer e Klaus Hellweger, mentre dei complicati calcoli statici si è occupato l'ingegner Theiner. Per la torre, che senza contare la parte aggiunta raggiunge un peso di 700.000 tonnellate, furono utilizzate ben 40.000 tonnellate di ferro. La scala d'accesso in acciaio COR-TEN collega il cortile delle cucine con l'ingresso sopraelevato, situato a 9 metri sul livello del pavimento vicino all'angolo sud-ovest. Quest'opera di architettura contemporanea si è aggiudicata numerosi riconoscimenti, come ad esempio nel 2007/08 il premio internazionale "Dedalo Minosse" alla committenza di architettura a Vicenza.

Il "Mushaus" (refettorio)

Da circa 150 anni il termine "Mushaus" è usato per indicare l'edificio a uso abitativo che affianca a est il mastio. Questa parola è attestata nel 1275 e 1317 dalle fonti che documentano l'apposizione del sigillo «nel nuovo Mushaus». La particolare denominazione fa pensare a un'ala che fungeva da refettorio e includeva forse anche l'area oggi occupata dal negozio del museo, considerando anche che confinava a nord con le cucine. Con questo nome

p. 72: il mastio visto dalla corte interna

"Mushaus"

Rivestimento ligneo di età rinascimentale nel "Mushaus"

Stufa barocca con figure turche nel "Mushaus"

ci si riferisce dunque a diverse stanze utilizzate per i banchetti.

L'edificio attiguo al mastio sul lato est, una struttura rettangolare a due piani con una merlatura sul lato rivolto verso la corte, fu costruito nel 1174. Fa parte dei principali elementi storico-costruttivi l'ingresso alla cantina del "Mushaus" con cornice in pietra. Nel timpano è ricavata un'apertura ad arco a tutto sesto, dalla quale entrava la luce. All'interno la cantina mostra un soffitto a travi sorretto da un sostegno centrale; in base all'analisi dendrocronologica delle travi è stata proposta la datazione suddetta.

L'ala residenziale accanto al mastio fu sottoposta a un intervento di trasformazione a partire dal 1532, quando il capitano del castello Georg von Firmian fu esortato «ad aprire una porta nella sua stube» e ad aggiungere in alto un'altra stube, una stanza e un locale con soffitto a volta, in altre parole a elevare la zona di un piano. Il rivestimento ligneo della stube risale alla seconda metà del XVI secolo, le porte sono fiancheggiate da cornici a parasta, le tavole che rivestono le pareti sono intervallate da listelli modanati, il fregio dentellato sull'architrave della porta era

Fregio con stemmi proveniente da una casa dei Portici di Merano, affresco trasferito su tela, fine XIV secolo

particolarmente diffuso verso la fine del XVI secolo. La suddivisione simmetrica delle pareti risulta particolarmente evidente sulla parete nord, nella quale due porte conducono nella zona delle cucine retrostante. La stufa rivestita in ceramica vetrata ornata da figure turche risale alla metà del XVII secolo. Nei progetti di Pirchstaller la stube è identificata come «stanza dello sposalizio», in ricordo dell'unione in matrimonio di Margarete di Tirolo e Ludovico di Brandeburgo il 10 febbraio 1342. Dato che il rivestimento ligneo risale al XVI secolo, non si tratta della stanza da letto storica della contessa. La parte anteriore, separata dalla stube vera e propria mediante una parete lignea, non è rivestita a pannelli ma presenta un soffitto a listelli. Il "Mushaus" subì dei cambiamenti nel XVII secolo in seguito al crollo di alcuni elementi strutturali collocati a est. È possibile che in questa occasione la cucina andata distrutta fu trasferita nel corridoio centrale, dove si trova ancora oggi il basamento in muratura del forno; una porta ad arco a tutto sesto, attraverso la quale un tempo si accedeva alle stanze orientali, è stata

murata. Nella parete est, in corrispondenza dell'accesso alle stanze posteriori, furono aperte nel tardo XVII secolo le finestre decorate da cornici barocche. Il fregio con gli stemmi appeso nel corridoio e trasferito su tela proviene dalla rovina della residenza signorile situata vicino al castello principesco di Merano ed è datato tra il XIV e il primo XV secolo. Il piano superiore fu trasformato nel 2002 su progetto dell'architetto Walter Angonese per accogliere gli uffici amministrativi del museo.

Nel primo XX secolo fu aggiunta la torre dalla planimetria irregolare, collegata al camminamento di ronda per mezzo di una scala a chiocciola. Al piano superiore la torre è illuminata da sud da una bifora, il cui capitello a bulbo rovinato è considerato originale. L'ambiente angusto è rischiarato in direzione ovest da una monofora ornata da una cornice in arenaria rossa.

Gli edifici di servizio

Dalla porta del castello, riedificata nel primo XIX secolo utilizzando vecchio materiale da costruzione, la

Bottiglie in vetro medievali, reperti archeologici rinvenuti nel cortile delle cucine

Cortile delle cucine, accesso alla cantina

strada interna conduce alla corte collocata più in alto, dalla quale si accede al palazzo. La scala sul lato destro, che funge da scorciatoia, fu costruita solo attorno al 1739, le iniziali dello scalpellino riportano Z A L(apicida?).

È interessante, dal punto di vista della tipologia architettonica, il fatto che gli edifici secondari siano integrati nella corte e risalgano alla prima fase di ampliamento del castello attorno al 1130/40. Trasformata a metà del XIII secolo, quest'ala subì gravi danni durante l'incendio del castello nel 1300/01. In seguito furono realizzati edifici in parte nuovi. Le funzioni delle singole strutture si possono identificare in primo luogo grazie alle denominazioni documentate nel primo XIX secolo. Procediamo con la descrizione da nord verso sud: subito accanto al mastio si trovavano le vecchie cucine, attraverso le quali passava la conduttura dell'acqua alimentata da una fonte situata presso il maso Leister. Nel 1999/2000 furono eseguiti in questa zona degli scavi archeologici nel corso dei quali furono rinvenuti dei reperti, tra cui quattro bottiglie di vetro piene sotterrate durante i sacrifici di fondazione, dadi da gioco, due scacciapensieri, un ditale, fibbie di cinture e altri oggetti d'uso quotidiano. È ancora visibile lo scarico medievale ed è stato inoltre possibile rintracciare il vecchio accesso alla ghiacciaia voltata. L'intera area fu coperta con un tetto per poter essere adibita a museo e al suo interno fu integrato l'accesso al mastio.

A ovest seguiva un locale che ospitava un forno nell'angolo nord-ovest. Si ritiene possibile che il vecchio "Mushaus" del castello si trovasse qui, dato che l'ambiente era collegato alle cucine mediante una porta. I conci lisci dell'ingresso dalla linea affusolata sono datati alla seconda metà del XII secolo. Già solo il portale lascia pensare che la stanza rivestisse un tempo un ruolo importante. Nelle strombature vi sono incisioni del periodo attorno al 1600, ma anche del 1836. La stanza in sé è allestita con cura ed è collegata, mediante un'apertura a feritoia, a quella attigua, caratterizzata da una bassa linea di colmo. Le finestre conducevano inizialmente alla zona della corte, in età tardo-gotica furono inserite nuove aperture con cornici arrotondate in arenaria, le cui dimensioni modeste confutano la teoria di un utilizzo della stanza come refettorio. Nell'angolo nord-ovest della stanza è ancora conservato un focolare aperto con sfiato del camino. Sotto il locale si trovava la cantina, delimitata da una porta ad arco a tutto sesto, accessibile

per mezzo di una scala situata nella struttura adiacente. Poiché il vecchio "Mushaus" era più alto dell'edificio confinante a sud, sulla parete meridionale vi era spazio sufficiente a ospitare una meridiana. A ovest, secondo il progetto di Pirchstaller del 1816, vi era poi il portico, ovvero un atrio, una stalla e un fienile confinanti con un piccolo giardino recintato da mura (dove oggi si trova l'alloggio del custode), riconoscibile anche in foto più antiche del complesso.

Strada interna del castello con gli edifici di servizio

Bibliografia (selezione)

Giuseppe Gerola, Castel Tiralli, Trento 1935.

Nicolò Rasmo, Castel Tirolo, Bolzano 1970.

Oswald Trapp, Tiroler Burgenbuch, vol. 2, Burggrafenamt, Bolzano 1973, pp. 57–104.

Hans Nothdurfter, Castel Tirolo, Appiano 1986.

Elisabeth Castellani Zahir, Die Wiederherstellung von Schloss Vaduz 1904 bis 1914 (Burgendenkmalpflege zwischen Historismus und Moderne vol. II), Stoccarda 1993.

AA.VV., Castel Tirolo – La culla del paese. Storia ed arte, Lana 1995.

Il sogno di un principe. Mainardo II – La nascita del Tirolo, mostra storica del Tirolo, Castel Tirolo – Stift Stams 1995, Tirolo-Innsbruck 1995.

Lorenzo Dal Ri, Testimonianze di edifici di epoca carolingia e ottoniana nell'alta Valle dell'Adige. Gli scavi di Castel Tirolo, in: Hortus Artium medioevalium. Journal of the International Research Center for Late Antiquity and Middle Ages 3 (1997), pp. 81–100.

Il segreto della Turris Parva. Tracce di storia medievale a Castel Tirolo, catalogo della mostra a Castel Tirolo, Innsbruck 1998.

Elisabeth Castellani Zahir, Welches Mittelalter? Der Wiederaufbau von Schloss Tirol zwischen Romantik und (Neu-)Romanik 1816 bis 1915, in: Schloß Tirol – Saalbauten und Burgen des 12. Jahrhunderts in Mitteleuropa (Forschungen zu Burgen und Schlössern 4), Monaco d.B.-Berlino 1998, pp. 61–72.

Studi di storia edilizia a Castel Tirolo, quad. 1–6, 1999–2014.

Catrin Marzoli, Die Kirchengrabung von Schloss Tirol, in: Archäologie der Römerzeit in Südtirol. Beiträge und Forschungen (Forschungen zur Denkmalpflege in Südtirol 1), Bolzano-Vienna 2002, pp. 1053–1069.

Julia Hörmann, Castel Tirolo. Con un saggio introduttivo di Siegfried de Rachewiltz, Lana ²2008.

Carl Kraus, Malerische Ansichten. Zum Tiroler Burgenbild im 19. Jahrhundert, in: Die Burgenzeichnerin Johanna von Isser-Großrubatscher (1802–1880), catalogo della mostra a Castel Tirolo, Bolzano 2010, pp. 55–66.

Leo Andergassen, Kult und Bild. Die gotischen Wandmalereien in der Burgkapelle von Tirol, in: Schloss Tirol 1971–2011. Neues Leben in alten Mauern, Bolzano 2011, pp. 46–81.

Martin Bitschnau, Walter Hauser, Martin Mittermair, Die Baugeschichte von Schloss Tirol im Hochmittelalter, in: Schloss Tirol 1971–2011. Neues Leben in alten Mauern, Bolzano 2011, pp. 212–237.

Lorenzo Dal Ri, La cella memoriae / "Reliquiengrab" della chiesa paleo-cristiana di Castel Tirolo. Alcune osservazioni, in: Schloss Tirol 1971–2011. Neues Leben in alten Mauern, Bolzano 2011, pp. 135–141.

Marco Gozzi, I libri liturgici di Castel Tirolo, in: Schloss Tirol 1971–

2011. Neues Leben in alten Mauern, Bolzano 2011, pp. 82–111.

Johann Kollmann, Die Kaplanei zum hl. Pankratius in Schloss Tirol einst und jetzt, in: Schloss Tirol 1971–2011. Neues Leben in alten Mauern, Bolzano 2011, pp. 11–46.

Helmut Stampfer, Beiträge zur Geschichte der Restaurierung von Schloss Tirol, in: Schloss Tirol 1971–2011. Neues Leben in alten Mauern, Bolzano 2011, pp. 112–121.

1ª edizione 2015
© 2015 Verlag Schnell & Steiner GmbH
Leibnizstraße 13, D-93055 Regensburg
Stampato da:
Erhardi Druck GmbH, Regensburg
ISBN 978-3-7954-2938-6

Per informazioni sul nostro programma editoriale: www.schnell-und-steiner.de

Informazione bibliografica della Deutsche Nationalbibliothek.
La Deutsche Nationalbibliothek registra questa pubblicazione nella Deutsche Nationalbibliografie; dati bibliografici dettagliati sono disponibili sul sito Internet http://dnb.dnb.de.

In copertina:
Veduta di Castel Tirolo da sud

Retrocopertina:
Jakob Ulrich Pirchstaller,
Progetto di Castel Tirolo, 1816
(Innsbruck, Tiroler Landesmuseen - TLMF)

Retrocopertina, parte interna:
Plastico con fasi edilizie e mappatura storica della costruzione

Referenze fotografiche: (quando non diversamente indicato: Museo provinciale di Castel Tirolo); Emil Wassler, Tirolo: pp. 2, 4, 6, 10–11, 20–23, 30, 32–35, 38, 45–46, 50–51, 53–54, 56, 60, 62–63, 66, 68, 70–71, 73–74, 76–77; Frank Wing, San Francisco: retrocopertina, pp. 1, 15–16, 27, 30–31, 33, 39–40, 42, 44, 47–48, 52, 58–59, 66, 69; Leo Andergassen, Bressanone: pp. 8–9, 17; Paolo Chistè, Trento: p. 67; spherea3D – Peter Daldos, Bolzano: pp. 61, 64; Tappeiner Athesia, Bolzano: pp. 9, 25, 55, 76; Jürgen Eheim, Bressanone: p. 70; Provincia autonoma di Bolzano – Alto Adige – Ufficio Informatica geografica e statistica: p. 80; www.airvisual.info: copertina

Alto Adige, terra di castelli

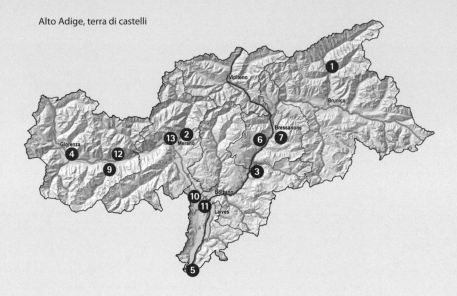

Nell'ambito della collana "Burgen" (Castelli) edita dal Südtiroler Burgeninstitut di Bolzano sono stati pubblicati:

Burgen 1°
Alexander von Hohenbühel
Taufers (2006)

Burgen 2°
Franz Spiegelfeld
Castel Schenna (2008)

Burgen 3°
Alexander von Hohenbühel
Trostburg (2008)

Burgen 4°
Helmut Stampfer
Castel Coira (2009)

Burgen 5°
Walter Landi
Haderburg (2010)

Burgen 6°
Leo Andergassen
Castel Velturno (2010)

Burgen 7°
Johann Kronbichler
La Hofburg di Bressanone (2010)

Burgen 9°
Leo Andergassen
Montani (2011)

Burgen 10°
Walter Landi,
Helmut Stampfer, Thomas Steppan
Castel d'Appiano (2011)

Burgen 11°
Leo Andergassen, Helmut Stampfer
Castel Firmiano (2014)

Burgen 12°
Leo Andergassen, Florian Hofer
Castelbello (2013)

Burgen 13°
Leo Andergassen
Castel Tirolo (2015)

SÜDTIROLER BURGENINSTITUT
Piazza delle Erbe 25 · 39100 Bolzano
Tel./Fax 0471 982255
www.burgeninstitut.com